Arnt Cobbers

Abgerissen!

Vom Anhalter Bahnhof bis zum Palast der Republik: Verschwundene Bauwerke in Berlin

Jaron Verlag

Erweiterte und aktualisierte Neuausgabe
1. Auflage dieser Ausgabe 2019

www.jaron-verlag.de
Lageskizzen: Matthias Frach, Berlin
Umschlaggestaltung: Bauer+Möhring, Berlin, unter Verwendung eines Fotos des Landesarchivs Berlin (oben: Anhalter Bahnhof 1961) und eines Fotos von Günter Schneider (unten: Versöhnungskirche 1985)
Satz und Layout: Prill Partners | producing, Barcelona
Lithografie: Bild1Druck GmbH, Berlin
Druck und Bindung: Westermann Druck Zwickau GmbH, Zwickau

ISBN 978-3-89773-865-2

Inhalt

Aufbruch und Zerstörung *4*

Nicht wiederauferstanden aus Ruinen
Bauwerke, die nach den Schäden des Zweiten Weltkriegs nicht wiederhergestellt wurden

Anhalter Bahnhof *5* · Görlitzer Bahnhof *8* · Lehrter Bahnhof *10* · Stettiner Bahnhof *13* · Schloss Monbijou *14* · Bauakademie *17* · Börse *19* · Synagoge Fasanenstraße *21* · Columbushaus *23* · Völkerkundemuseum *25* · Elefantenhaus im Zoologischen Garten *27* · Markuskirche *28* · Domkandidatenstift *29* · Synagoge Prinzregentenstraße *30* · Petrikirche Cölln *31* · Reichspräsidentenpalais *33* · Stadtschloss *35* · Friedrichstraßenpassage *41*

Neue Bauten braucht das Land!
Bauwerke, die in der Zeit des Kalten Kriegs abgerissen wurden

Fischerinsel *44* · Sportpalast *46* · Versöhnungskirche *49* · Gaswerk IV *51* · Voxhaus *53* · Deutsche Sporthalle *54* · Friedrichstadtpalast *55* · Komische Oper *57* · Land- und Amtsgericht Mitte *59* · Schloss Brüningslinden *60* · Haus Schmitz *61*

Weg mit den Altlasten!
Bauwerke im einstigen Ost-Berlin, die nach der Wiedervereinigung abgerissen wurden

Ahornblatt *62* · Hotel Unter den Linden *63* · Palasthotel *64* · DDR-Außenministerium *66* · Stadion der Weltjugend *69* · Centrum-Warenhaus *71* · Werner-Seelenbinder-Halle *73* · Friedrichstadtpassage *75* · Palast der Republik *77* · Lenindenkmal *80*

Opfer des Berlin-Booms
Bauwerke, die seit den 1990er-Jahren abgerissen wurden

Kudamm-Eck *82* · Bellevue-Tower *83* · Vereinshaus der Berliner Kaufleute und Industriellen *84* · Börse Fasanenstraße *85* · Hotel Schweizerhof *87* · St. Johannes Capistran *87* · Rattenburg *88* · Schimmelpfenghaus *90* · Deutschlandhalle *91* · Wohnanlage am Lützowplatz *94* · Konsistorium der Evangelischen Kirche, Bachstraße *95* · Kugelkino Panorama *96* · Bank für Handel und Industrie *97* · Bewag-Zentrale *98* · Schlemmer-Pylon *100* · Stadtbad / Stattbad Wedding *102* · Berliner Synchron *103* · Gloria-Palast *105* · Grundkreditbank / Berliner Volksbank *107*

Register der abgerissenen Bauwerke *109*
Abbildungsverzeichnis *111*

Aufbruch und Zerstörung

Nicht jeder abgerissene Bau ist ein Verlust. Aber manche Abrisse tun weh. In Berlin war man schon immer schnell mit der Abrissbirne zur Hand. Dieses oftmals geschichtslose Denken, ganz der Zukunft zugewandt, macht zwar den Charme der Stadt aus. Und doch: Manch verschwundener Bau stünde Berlin heute gut zu Gesicht. An wichtige, prägende oder kuriose Bauten und Bauensembles, die heute verschwunden sind, will dieses Buch erinnern: Gebäude, die nach dem Zweiten Weltkrieg abgerissen wurden – vom Schloss, dessen Kriegsruine 1950/51 gesprengt wurde, bis zur Zentrale der Berliner Volksbank, die, obwohl von der Architekturkritik als gelungenes Beispiel der Postmoderne gerühmt, 2017, nur 32 Jahre nach ihrer Erbauung, wieder abgerissen wurden.

Wir haben uns daran gewöhnt, den Verlust eines Großteils der alten Bausubstanz als Kriegsfolge zu sehen. Doch was wirklich »kriegszerstört« war, ist eine Frage der Definition. Das Stadtschloss war nicht stärker zerstört als das Schloss Charlottenburg, der Martin-Gropius-Bau war ähnlich ramponiert wie das Völkerkundemuseum gleich nebenan, die Synagoge in der Fasanenstraße war deutlich besser erhalten als das Schauspielhaus und die Dome am Gendarmenmarkt. Doch während die einen heute in neuem Glanz erstrahlen, sind die anderen aus dem Stadtbild verschwunden. Die Entscheidung, welche Bauten abgerissen wurden und welche nicht, fällten nicht die Bomben des Zweiten Weltkriegs, sondern die Eigentümer und die Politiker der Nachkriegsjahre.

Architektur ist nicht allein eine Frage der Funktionalität und der Ästhetik. Gebäude sind immer auch Zeugen der Geschichte, der Kunst-, der Politik-, der Ideengeschichte. Und jede Zeit befragt und bewertet die Geschichte – und damit auch deren steinerne Hinterlassenschaften – neu. Besonders rigoros wird in Zeiten des Aufbruchs verfahren. In den 1950er- und 1960er-Jahren verteufelte man die schweren, ornamentbeladenen Bauten aus der Gründerzeit. In den Boomjahren nach der Wiedervereinigung schätzte man die Architektur der Nachkriegszeit gering. So frisst jeder Aufbruch die Architektur der letzten Aufbruchszeit. Auch die Sichtweisen auf die Stadt ändern sich. Jedes neue Leitbild erfordert unterschiedliche Stadträume und Architekturen. Und natürlich will sich jede Zeit einen architektonischen Ausdruck geben – und muss dafür auf Kosten des Bestehenden Platz schaffen. Nur fragt man sich, warum dafür oft bedeutungstragende, qualitätsvolle Architektur unter die Räder der Abrissbagger gerät. Vielleicht, weil die außergewöhnlichen Bauten besonders polarisieren. Die in diesem Buch versammelten abgerissenen Bauten haben es zumindest verdient, nicht aus dem Gedächtnis der Stadt zu verschwinden.

Dass nun eine erweiterte Neuausgabe dieses erstmals 2015 veröffentlichten Buchs erscheint, zeigt, dass das Interesse, sich mit den verlorenen Bauten Berlins zu beschäftigen und die Erinnerung wachzuhalten, groß ist. Es zeigt aber auch, dass die Zahl der bemerkenswerten abgerissenen Gebäude weiter wächst und dass der Abriss- und Neubauboom selbst vor herausragender Architektur, die gerade mal dreißig Jahre alt ist, nicht Halt macht. So ist diese Ausgabe um sieben Kapitel zu Bauten aus jüngerer und jüngster Zeit erweitert.

Nicht wiederauferstanden aus Ruinen

Bauwerke, die nach den Schäden des Zweiten Weltkriegs nicht wiederhergestellt wurden

Anhalter Bahnhof

»Es gewährt uns eine aufrichtige Freude«, schrieb die Deutsche Bauzeitung am 11. Januar 1879, »über ein Werk dieser Art und dieses Ranges berichten zu können, das wir mit ungetrübter Anerkennung begrüßen dürfen.« Nach fast fünfjähriger Bauzeit konnte der Neubau des Anhalter Bahnhofs, des bedeutendsten und schönsten der großen Berliner Kopfbahnhöfe, am 15. Juni 1880 feierlich eröffnet werden.

Der Vorgänger war noch außerhalb der Stadtmauer, die längs der heutigen Stresemannstraße verlief, erbaut worden. Seit 1841 gingen von hier die Züge nach Dessau und Köthen in Anhalt. Der Neubau war ein spätes Beispiel der Berliner Schule

Die imposante Eingangsfront des Anhalter Bahnhofs im Jahr 1883, drei Jahre nach seiner Eröffnung. Der von Schwechten entworfene Backsteinbau war ein Paradebeispiel des Berliner Rundbogenstils.

Schon im August 1945 verkehrten wieder die ersten Vorortzüge im Anhalter Bahnhof – unter freiem Himmel. Rechts: 1959 hatten das Reisebüro und die anderen Läden ihr Geschäft noch nicht aufgegeben.

der Nach-Schinkel-Zeit, ein mit gelbem Backstein verkleideter Mauerwerksbau mit Rundbogenfenstern und Terrakotta-Schmuck. Entworfen hatte ihn Franz Schwechten, der später u.a. die Schöneberger Apostel-Paulus-Kirche und die Kaiser-Wilhelm-Gedächtniskirche baute.

Acht Gleise führten in die 168 Meter lange, 60 Meter breite und 34 Meter hohe, flachbogig geschlossene Bahnhofshalle, die von den weiteren Räumen U-förmig umfangen wurde. Die zwei Seiten- und zwei Mittelbahnsteige gingen von einem 15 Metern breiten Kopfbahnsteig aus. Die Konstruktion der beispiellos weiten Halle war eine außergewöhnliche Ingenieursleistung: Das Dach lag auf Doppelbindern in 14 Meter Abstand, Zugstangen nahmen den Horizontalschub auf. Das gesamte Dach wog 70 000 Tonnen. Ausgedacht hatte sich die Konstruktion der junge Ingenieur Heinrich Seidel, der sich wenig später der Schriftstellerei zuwandte und mit seinen – auch heute noch lesenswerten – Berliner Geschichten um »Leberecht Hühnchen« berühmt wurde. Doch auch die architektonische Gestaltung des Gebäudes war vom Feinsten: Über einem breitgelagerten, zweigeschossigen Kopfbau erhob sich die hohe Halle. Der Giebel spannte sich als Segmentbogen, durchbrochen von neun schlanken Fenstern, zwischen zwei Ecktürmen. Bekrönt wurde er durch die in Zink getriebene Figurengruppe »Der Weltverkehr« von Emil Hundrieser. Seitlich wurde die Halle von je zwölf Bogenfenstern zwischen starken Strebepfeilern belichtet, während die Rückseite interessanterweise die Hauptfront spiegelte. Die Ein- und Ausfahrt erfolgte durch drei Bögen von 15 Meter Spannweite.

Im höheren Mittelteil des Kopfbaus befand sich die große Eingangshalle, der eine dreibogige offene Vorhalle, als Vorfahrt für die Droschken, vorgesetzt war. Die große Uhr über der Eingangsfront wurde von Allegorien des Tages und der Nacht flankiert. Im Kopfbau befanden sich rechts von der Eingangshalle der Wartesaal der 3. und 4. Klasse, links ein Versammlungssaal. Die Wartesäle für die 1. und 2. Klasse und für Nichtreisende, das Damenzimmer und der Speisesaal, die Räume für die Zugführer, die Schaffner, die Polizei, den Stationsvorsteher u.a. befanden sich in den beiden unterschiedlich langen Seitenflügeln. Dort waren auch die Räume des kaiserlichen Hofes untergebracht: auf der östlichen, der Ankunftsseite, ein Vestibül, und auf der westlichen, der Abfahrtsseite, aufwendig gestaltete Räume inklusive einer kaiserlichen Toilette.

Der Anhalter Bahnhof wurde Berlins Tor zum Süden: Von hier gingen die Züge nach München, Wien und Basel. Hier starteten der Riviera-Express nach Nizza und der Ägypten-Express nach Neapel, wo man einen direkten Anschluss an den Dampfer nach Alexandria hatte. Der »Fliegende Frankfurter« brauchte ab 1936 nur fünf Stunden bis in die Mainmetropole, bis Dresden waren es hundert Minuten.

Im Anhalter Bahnhof begann der Kaiser viele seiner Fahrten, ab 1933 stand stets ein Sonderzug für Adolf Hitler bereit. Am 12. November 1940 empfingen Außenminister von Ribbentrop und Generalfeldmarschall Keitel den sowjetischen Außenminister Molotow im Anhalter Bahnhof. Augenzeugen berichten, dass es ganz still wurde, als eine Militärkapelle die »Internationale« anstimmte: Es war das erste Mal seit 1933, dass das kommunistische Kampflied höchst offiziell im nationalsozialistischen Reich erklang. Für viele Emigranten, Flüchtlinge und Deportierte indes schlug im Anhalter Bahnhof die Stunde des Abschieds von der Familie, den Freunden und Berlin – oft für immer.

In der Umgebung des Bahnhofs lagen zahlreiche Hotels. Der »größte Hoteltunnel der Welt« führte seit 1927 von der Halle des Bahnhofs hinüber ins Excelsior, das mit 450 Zimmern als das größte Hotel Europas galt.

Bei den Luftangriffen im Februar 1945 wurde das Hallendach zerstört, doch noch am 17. April verließ ein letzter Zug mit Flüchtlingen den Bahnhof. Schon im August 1945 wurde der Vorortverkehr wiederaufgenommen. Zwar sprengten amerikanische Soldaten die Reste des Hallendachs, so dass die Reisenden nun schutzlos Wind und Wetter ausgeliefert waren, doch im Sommer 1949 verkehrten wieder elf

Nachdem 1952 der letzte Zug den Anhalter Bahnhof verlassen hatte und die Bahnanlagen noch bis 1959 gewartet worden waren, wurde 1961 als letzter Bauteil die Westfassade gesprengt.

Der aufwendig sanierte Portikus: keine Kriegs-, sondern eine Abrissruine. Das Bahnhofsgelände wurde nicht neu bebaut.

Zugpaare vom Anhalter Bahnhof, 1951 waren es 19. Da hatten sich in den Bahnhofsmauern bereits eine Toto-Annahmestelle, ein Fahrradladen und ein Reisebüro, das einen Hauch von großer weiter Welt in den Bahnhof zurückbrachte, eingerichtet. Doch die Hoffnung auf Normalität sollte sich nicht erfüllen.

Ab dem 17. Mai 1952 leitete die der DDR gehörende Reichsbahn den gesamten Fernverkehr vom Anhalter Bahnhof auf den Ostbahnhof um. Bis 1959 wurden die Bahnanlagen gewartet, dann wurde der Abriss beschlossen. »Der Bahnhof kann nicht als ein überzeugender, künstlerisch wertvoller oder neue Wege weisender Bahnhofsbau des vorigen Jahrhunderts angesprochen werden«, lautete das Verdikt der Denkmalbehörde. »Deshalb ist auch die Erhaltung etwa der Hauptfassade aus musealen Gründen nicht zu verantworten.«

Im November 1959 begann der Abriss. Im Sommer 1960 diente der Bau als Filmkulisse für Billy Wilders bitterböse Berlin-Satire »Eins, zwei, drei«. 1962 war das gesamte Areal geräumt. Als Reaktion auf die heftigen Proteste der Fachwelt ließ man zumindest den Portikus als Ruine stehen.

Görlitzer Bahnhof

Eines der vielen Kuriosa, unter denen die geteilte Stadt nach dem Ende des Zweiten Weltkriegs zu leiden hatte, war die Entscheidung, den Betrieb der Fernbahn in ganz Berlin in die Hände der DDR zu legen. 1951 entschied die Reichsbahn, alle Fernbahnstrecken auf Ost-Berliner Gebiet enden zu lassen. Selbst der Stettiner Bahnhof, nun Nordbahnhof genannt, wurde geschlossen, weil die Zuführungsstrecken durch West-Berliner Gebiet führten. Es dauerte sechs Jahre, ehe das große Abreißen begann, doch dann verschwanden binnen weniger Jahre alle fünf Kopfbahnhöfe aus dem Stadtbild – der Potsdamer, der als einziger nach dem Krieg nicht mehr in Betrieb genommen wurde, der Anhalter, der Stettiner, der Lehrter und der für den Fernverkehr unbedeutendste der großen Berliner Bahnhöfe, der Görlitzer Bahnhof.

Der Görlitzer Bahnhof (Foto: 1930) war zwar der kleinste Fernbahnhof Berlins, aber für viele Menschen mit schönen Erinnerungen verbunden: Hier gingen die Züge in den Spreewald und ins Riesengebirge ab.

Bis auf die Ostbahn nach Königsberg wurden alle Berliner Bahnstrecken zunächst von privaten Betreibergesellschaften finanziert, und deshalb baute auch jede Firma ihren eigenen Bahnhof. (Erst als die Militärs die Wichtigkeit der Bahn erkannt hatten, drängten sie auf die Verstaatlichung der Strecken. Diese erfolgte bis 1887.) Im September 1866 fuhr der erste Zug nach Cottbus, seit dem Silvestertag 1867 reichte die Strecke bis Görlitz, und 1868 konnte der zugehörige Bahnhof eingeweiht werden. Größere Bedeutung für den Fernverkehr hat der Görlitzer Bahnhof nie erlangt, allerdings dürften sich an ihn schöne Erinnerungen knüpfen: Hier fuhren damals die Ferienzüge in den Spreewald und ins Riesengebirge ab.

Die gleiche Ansicht – von Westen über die Wiener Straße hinweg – im Jahr 1959. Heute steht hier das Spreewaldbad.

Entworfen hatte den Bau August Orth, von dem auch die Zions- und die Gethsemanekirche in Prenzlauer Berg sowie der Hauptbahnhof von Frankfurt am Main stammen. Der backsteingelbe

Ein Blick in die alte Bahnhofshalle 1961, kurz bevor der Abriss begann. Den Görlitzer Bahnhof gibt es heute nur noch als U-Bahnhof.

Bau legte sich L-förmig um die 148 Meter lange und 37 Meter breite Bahnhofshalle, die anfangs fünf, später nur noch vier Gleise an zwei Seiten- und einem Mittelbahnsteig aufnahm. Alle Berliner Kopfbahnhöfe besaßen eine Abfahrts- und eine Ankunftsseite. Die Züge kamen in Fahrtrichtung rechts an und wurden nach der Abfertigung hinaus- und auf der anderen Seite des Bahnhofs wieder hineinrangiert. Entsprechend waren die Räumlichkeiten der Bahnhöfe organisiert, auch wenn sich das nicht unbedingt in der Architektur niederschlug. So wurde der viergeschossige Kopfbau des Görlitzer Bahnhofs mit seiner Säulenhalle und dem flachen Dreiecksgiebel zwischen den beiden massigen Ecktürmen nur von den ankommenden Fahrgästen genutzt – der Abfahrtstrakt war ein eingeschossiger, von zwei höheren Eckbauten eingefasster Bauteil längs der Wiener Straße. Die Eingangshalle lag herausgehoben zwischen den Warteräumen, die Kutschen konnten unter einer überdachten Vorfahrt halten.

Gegen Ende des Zweiten Weltkriegs ausgebrannt und 1951 stillgelegt, begann man 1961 mit dem Abriss des Görlitzer Bahnhofs, der erst 1967 abgeschlossen war. Erhalten blieb nur der alte Güterschuppen.

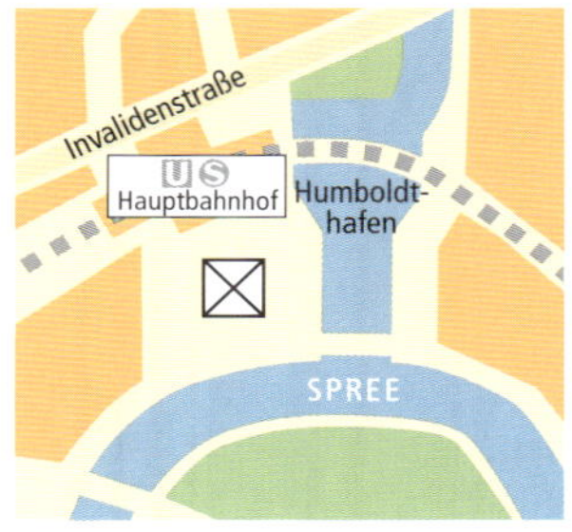

Lehrter Bahnhof

Warum der jüngste der großen Berliner Kopfbahnhöfe nach einer Kleinstadt bei Hannover benannt wurde, ist leicht zu erklären. 1867 begann der Bau einer Bahnlinie, die die preußische Hauptstadt mit den Provinzen im Westen verbinden sollte. Zwischen Berlin und dem Rheinland befand sich das Königreich Hannover, dessen Streckennetz östlich bis Lehrte reichte. Und darum bildete Lehrte den Endpunkt der neuerbauten Bahnstrecke, auf der am 1. Dezember 1871 der Verkehr aufgenommen wurde.

Die Verbindung nach Lehrte riss schon nach elf Jahren wieder ab. Mit der Eröffnung der Stadtbahn, jener im wahrsten Sinne des Wortes bahnbrechenden

Der Lehrter Bahnhof (Foto: 1900) zeigte reinste Schauarchitektur: Der Triumphbogen war geschlossen, die Eingänge lagen an den Längsseiten. Nur für den Kaiser gab es eine Pforte neben dem Triumphbogen.

Strecke quer durch die Berliner Innenstadt, im Jahr 1882 wurde der Verkehr von und nach Hannover über Ruhleben und Charlottenburg auf die Stadtbahn geleitet. Die Züge endeten nach ihrer Fahrt über die Bahnhöfe Zoo, Friedrichstraße und Alexanderplatz am Schlesischen Bahnhof, dem heutigen Ostbahnhof. Dabei passierten sie auch den Lehrter Stadtbahnhof, der 1882 nördlich des Bahnhofs eröffnet worden war: Die Stadtbahn querte unmittelbar hinter dem Lehrter Bahnhof dessen Gleisanlagen. Statt der Verbindung nach Westen übernahm der Lehrter Bahnhof 1884 den gesamten Verkehr des benachbarten, wesentlich älteren und kleineren Hamburger Bahnhofs, der 1906 als Eisenbahnmuseum wiedereröffnet wurde und heute als »Museum für Gegenwart« dient.

So wurde der Lehrter Bahnhof zu Berlins Tor zur Nordsee. Von hier düste in den 1930er-Jahren der »Fliegende Hamburger«, der damals schnellste Reisezug der Welt, in zwei Stunden und 15 Minuten in die Hansestadt. Um 1930 erfolgten auf dieser Strecke die Versuche mit dem ebenso eleganten wie futuristischen »Schienen-

Die Bahnhofshalle im Jahr 1879. Auf der rechten Seite fuhr man ab, auf der linken kam man an. Rechts: Im Juli 1957 begann man mit der Sprengung des sechs Jahre zuvor stillgelegten Bahnhofs.

zeppelin«. 1943 wurde der Bau durch Bomben schwer getroffen, doch schon bald nach Kriegsende verkehrten die ersten »Hamsterzüge«, mit denen die ausgehungerten Städter ins Umland fuhren, um Essbares zu organisieren. 1951 wurde der Bahnverkehr eingestellt, 1957–59 wurde die Ruine gesprengt. Viele Jahre hielt noch der gleichnamige S-Bahnhof die Erinnerung an den Lehrter Bahnhof wach. Doch 2002 musste auch er dem neuen Hauptbahnhof weichen.

Der Lehrter Bahnhof zeigte ganz andere Formen als die anderen Berliner Bahnhöfe, die sämtlich im backsteinernen Rundbogenstil der Nach-Schinkel-Zeit erbaut waren. Er war verputzt, die Vorderfront öffnete sich stadttorartig in einem großen Bogenfenster. Eine schöne, einladende Geste, die aber nicht wenige Fremde in die Irre führte. Denn auch der Lehrter Bahnhof folgte dem traditionellen Modell mit getrennten Seiten für die ankommenden und die abfahrenden Züge – folglich befanden sich die Haupteingänge an den Seiten. Nicht einmal der Kaiser betrat den Bahnhof durch den Triumphbogen. Doch war ihm immerhin das Entree rechts neben dem Bogen vorbehalten, und in diesem südöstlichen Eckpavillon befanden sich auch die Warteräume des Hofes.

Der Lehrter Stadtbahnhof musste dem neuen Hauptbahnhof weichen. Am Ort des heutigen Vorplatzes stand der Lehrter Bahnhof.

Die Bahnhofshalle war ein tonnengewölbter Raum von 188 Meter Länge, 38 Meter Breite und 27 Meter Höhe. Zwei Seitenbahnsteige und ein schmaler Mittelbahnsteig führten zu vier Gleisen, zusätzlich gab es ein Rangiergleis. Ihr Licht erhielt die Halle allein durch die Rundbogenfenster über den Seitenflügeln – das Tonnendach war komplett mit Zinkblech gedeckt. Wie die Schaufront mit ihren korinthischen Säulenstellungen, der Putzquaderung und dem Figurenschmuck zeigten auch die Seitenfronten repräsentative, wenn auch weniger aufwendige Formen. Das Raumprogramm musste sich dem äußeren Schein unterordnen – fast dreißig größere und kleinere Räume werden auf dem Grundriss des Bahnhofs um 1900 als »zur Zeit unbenutzt« bezeichnet. Interessant ist, dass auf der Abfahrtsseite die Warteräume sozial fein gestaffelt von der 1. bis zur 4. Klasse angelegt waren. Hinzu kamen ein kleines Damenzimmer und das Lokal des »Bahnhofswirts«. Auf der Ankunftsseite dagegen mussten alle Wartenden mit einem einzigen Wartesaal vorliebnehmen.

Zumindest einen Nachfolger hat die Architektur des Lehrter Bahnhofs gefunden: den Budapester Ostbahnhof, »Keleti pu«. Allerdings ist dort die innere Raumanlage den tatsächlichen Bedürfnissen angepasst, und man betritt durch den Triumphbogen eine große Eingangshalle.

Stettiner Bahnhof

»Im übrigen fühlt man sich jetzt in Berlin am wohlsten, wenn man auf dem Stettiner Bahnhof ist, um es zu verlassen«, schrieb Alfred Kerr im heißen Sommer 1897. »Auch was hier dauernd festgehalten wird, kann es sich nicht versagen, eine gelegentliche Landpartie an die Ostsee zu machen, die sehr bequem erreicht wird.« War die Ostsee die Badewanne Berlins, so war der Stettiner Bahnhof gleichsam die Badezimmertür. Oder, wie es Walter Benjamin empfand: »Seither münden für mich die Dünen Koserows (auf Usedom) ... hier in der Invalidenstraße, wo den andern die Sandsteinmassen des Stettiner Bahnhofs entgegentreten.«

Am 1. August 1842 fuhr der erste Zug vom Stettiner Bahnhof nach Eberswalde, ein Jahr später nach Stettin, 1863 über Greifswald nach Stralsund, 1878 kam schließlich die Nordbahn über Neubrandenburg nach Stralsund hinzu. Zu diesem Zeitpunkt stand bereits zwei Jahre das neue, prächtige Bahnhofsgebäude: eine tonnengewölbte, 130 Meter lange Halle, deren Kopfseite zwischen zwei Ecktürmen drei hohe, gestaffelte Rundbögen zeigte. Auf der rechten Seite fuhren die Urlauber und die Sommerfrischler, die Vorortbewohner und die Landbewohner – darunter Fontanes Effi Briest – ab, links kamen sie an.

1946 fuhren vom Stettiner Bahnhof bereits wieder Züge ins Umland. Im selben Jahr drehte Wolfgang Staudte in der Ruine Szenen für den Film »Die Mörder sind unter uns« mit Hildegard Knef.

Weil der Bahnhof als der meistfrequentierte Berlins bald aus allen Nähten platzte, wurde 1898 westlich von ihm ein Vorortbahnhof errichtet und der Fernbahnhof 1903 auf der Ostseite bis auf eine Breite von acht Gleisen erweitert. Von hier erreichten die Berliner nicht nur die Hafenstadt Stettin und die Seebäder auf Rügen, Usedom und längs der pommerschen Küste bis hinauf nach Danzig, vom Stettiner Bahnhof gingen auch täglich Züge nach Kopenhagen, Stockholm und Oslo.

Im November 1943 wurde der Bahnhof durch Bomben schwer beschädigt, nach Kriegsende aber rasch wieder in Betrieb genommen. 1950 erhielt er sogar noch einen neuen Namen, weil Stettin ja nun in Polen lag. Die FDJ schlug »Bahnhof des Friedens« vor, die Reichsbahn entschied sich für »Nordbahnhof« – der bisherige Nordbahnhof, ein reiner Güterbahnhof, hieß fortan »Bahnhof Eberswalder Straße«.

Doch am 17. Mai 1952 wurde der Personenverkehr eingestellt, DDR-Bürger sollten nicht mehr über West-Berliner Gebiet fahren müssen. Mit dem Mauerbau 1961 war Schluss mit dem Güterverkehr, und vier Jahre später war dann auch das stark lädierte, aber im Großen und Ganzen erhaltene Bahnhofsgebäude Geschichte.

Erhalten blieb der Vorortbahnhof, von dem 1924 die allererste Berliner S-Bahn (nach Bernau) abfuhr. 2011 wurde das aus gelbem Backstein aufgemauerte Gebäude saniert und im Innern als Restaurant gestaltet. Der Name Nordbahnhof lebt bis heute weiter als S-Bahn-Station der 1936 eingeweihten Nord-Süd-Bahn.

Schloss Monbijou

Kaum ein anderer bedeutender Bau Berlins ist so sehr aus dem Gedächtnis der Stadt verschwunden wie das Schloss Monbijou. Zwar trägt der einstige Schlosspark noch immer dessen Namen, doch das Schloss selbst scheint einer grauen Vorzeit anzugehören. Dabei wurden seine Ruinen erst 1958–60 beseitigt.

1943 wurde das Schloss schwer beschädigt und brannte in großen Teilen aus. 1954 gab es Überlegungen, den Bau wiederherzustellen, um hier das Zentralarchiv der Staatlichen Museen unterzubringen. Ein Magdeburger Architektenkollektiv hatte sogar bereits konkrete Pläne für die Wiederherstellung der Anlage erarbeitet. Als im Juni 1957 dann doch die Meldung durch die Presse ging, die Ruinen sollen gesprengt werden, intervenierte Ludwig Justi, der hochangesehene Generaldirektor der Staatlichen Museen: »Gegen die beabsichtigte Sprengung des Schlosses Monbijou erhebe ich Einspruch«, schrieb er der Bürgermeisterin Johanna Blecha. Vier Monate später aber starb der 81-jährige Justi, und Blecha beschied der Museumsverwaltung lapidar: »Alle Verhandlungen mit dem verstorbenen Generaldirektor ... sind damit hinfällig.« Anfang 1958 begannen die Sprengungen, im April 1960 wurden als Letztes die Torhäuser nahe dem heutigen Chamisso-Denkmal beseitigt. 1960 konnte die »Grün- und Erholungsanlage« mit einem Schwimmbad im Zentrum eröffnet werden.

Das Schloss Monbijou (»Mein Juwel«) war eine eingeschossige, ausgedehnte

Barockanlage, die sich parallel zum Nordufer der Spree gegenüber der heutigen Museumsinsel, etwa von der S-Bahn-Trasse bis fast zur Monbijoustraße, erstreckte. Den Kern bildete ein kleines Lustschlösschen, das sich der leitende Minister des Königs, Graf Wartenberg, 1706 vom Hofarchitekten Eosander von Göthe erbauen ließ. Ab 1713 entfaltete die neue Besitzerin, Königin Sophie Dorothea, hier eine prächtige Hofhaltung, die in starkem Gegensatz zum Leben ihres Mannes, des Soldatenkönigs, stand. Ihr Musenhof vor den Toren Berlins prägte nicht zuletzt ihre Kinder stark: Friedrich, der sich in Rheinsberg und Sanssouci ähnliche Musenhöfe schuf, ebenso wie die spätere Bayreuther Markgräfin Wilhelmine und die spätere schwedische Königin Ulrike.

Die Südfassade des westlichen Flügels von Schloss Monbijou 1938. Hinter dem Säulenportikus befand sich der Tanzsaal.

Ab 1738 ließ Sophie Dorothea das Lusthaus zu einer respektablen Sommerresidenz erweitern. Georg Wenzeslaus von Knobelsdorff, von dem auch das Schloss Sanssouci und die Staatsoper Unter den Linden stammen, verband das alte Lusthaus durch Galerien mit zwei ehemals frei stehenden Pavillons, so dass eine nach Norden ausgerichtete Dreiflügelanlage entstand. Von diesen Seitenflügeln aus spann er die Anlage in beide Richtungen weiter, und so ergab sich schließlich eine ausgedehnte Aneinanderreihung von Galerien und Pavillons mit eigentümlich schwingendem Rhythmus. Die Anlage bildete zur Spree- wie zur Nordseite je zwei Ehrenhöfe aus, die in sich symmetrisch durchgestaltet waren. Nach einigen Jahren des Leerstands ließ Königin Friederike Luise das Schloss klassizistisch umgestalten – wegen der Mätressenwirtschaft ihres Mannes ging sie zum Hofleben auf Abstand. Nun entstanden auch die klassizistischen Torgebäude der östlichen Einfahrt zum Schloss.

Friedrich II. gewidmeter Raum im Schloss Monbijou, seit 1877 Hohenzollernmuseum (Foto: 1892).

Nach 1805 wurde Schloss Monbijou nur noch selten für Hofbälle und Theateraufführungen genutzt. Stattdessen

Durch dieses Tor führte 1931 der Weg in den Park von Monbijou und zu dem idyllisch gelegenen Barockschloss der Hohenzollern. Die beiden Torhäuser verschwanden als letzter Bauteil 1960 aus dem Stadtbild.

wurde es zum Ausstellungshaus: 1822 zog für einige Jahrzehnte die Sammlung ägyptischer Altertümer ein, 1837 das Museum Vaterländischer Altertümer. Seine letzte Bestimmung fand der Bau 1877 als Hohenzollern-Museum. Der Kernbestand stammte aus der gerade aufgelösten Königlichen Kunstkammer. Hinzu kamen Stücke aus den persönlichen Nachlässen der Hohenzollern. Mit der Abdankung des Kaisers im November 1918 wurde das der Kaiserfamilie gewidmete Museum erst einmal geschlossen. Erst neun Jahre später wurde es als »Museum Schloss Monbijou« wiedereröffnet, wobei nun die kunstgeschichtliche Bedeutung der Innenarchitektur und der Exponate in den Vordergrund gerückt war.

1957 waren die klassizistischen Torbauten beschädigt, aber bei weitem nicht zerstört.

In Albert Speers Generalbebauungsplan für Berlin war das Nordufer der Spree für ein riesenhaftes Museumsareal vorgesehen, und man plante ernsthaft, »das liebenswürdige Schloss Monbijou« (Albert Speer) abzutragen und im Park von Schloss Charlottenburg wiederaufzubauen. Dazu kam es nicht mehr. 1940 wurden die Sammlungen kriegsbedingt ausgelagert, 1943 wurde der Bau von Bomben schwer getroffen. Er wurde nicht wiederhergestellt.

Bauakademie

Eine Ecke der Fassade steht bereits wieder als Schaufront, seit 2004 simulieren Planen den gesamten Bau. Und ein hochkarätig besetzter Verein namens Internationale Bauakademie Berlin e.V. setzt sich für den äußerlich originalgetreuen Wiederaufbau als Ausstellungs- und Veranstaltungszentrum für Architektur ein. Doch ob die Schinkel'sche Bauakademie tatsächlich wiederaufgebaut wird – was nach dem Abriss des DDR-Außenministeriums ausgemachte Sache schien –, steht derzeit noch in den Sternen. Unstrittig aber ist, dass der Verlust der Bauakademie einer der schmerzlichsten in der Geschichte der Berliner Architektur ist. Zum einen war sie der erste profane, d.h. nicht-kirchliche Großbau in Preußen überhaupt, dessen Außenseiten das unverkleidete Backsteinmauerwerk zeigten. Zum anderen muss sie als Vorläufer der modernen Skelettbauweise gesehen werden: Auf einem quadratischen Grundriss, aus dem ein offener Innenhof ausgespart blieb, ließ Schinkel Stützen in einem Raster von 5,55 Meter aufmauern. Sie – und nicht die Wände – trugen den gesamten Bau. Die vier Außenseiten des Kubus gestaltete er identisch: Sie waren durch Lisenen (Mauerstreifen zur Segmentierung der Außenwand) gegliedert, die wie Strebepfeiler vom Erdboden bis zur Balustrade des Flachdachs aufragten; zwischen ihnen saßen dreiteilige, von flachen Bögen überfangene Fenster. Belebt wurde die Fassade durch helle Ziegelbänder und Terrakotta-Schmuck an den Portalen sowie unter und über den Fenstern. Die Reliefs zeigten Darstellungen vom Bauhandwerk und seiner Entwicklungsgeschichte.

Die Bauakademie im Jahr 1925, fotografiert vom späteren Ort des Staatsratsgebäudes aus. Im zweiten Obergeschoss wohnte Berlins bedeutendster Architekt, Karl Friedrich Schinkel, bis zu seinem Tod 1841.

In den 1820er-Jahren hatte Schinkel England besucht, und besonders hatten ihn die schlichten, funktionalen Industriebauten beeindruckt. Allerdings hätte man eine solche Architektur dort nie für einen Schul- und Behördenbau an prominentem Ort im Zentrum der Hauptstadt gewählt. Schinkel aber erkannte in der seriellen, das Baumittel sichtbar belassenden und schmucklosen – wenngleich hier durch Terrakotta-Ornamentik ausgezeichneten – Architektur die Bauweise der Zukunft. Es war auch wegen der Bauakademie, dass die Avantgarde-Architekten der 1920er-Jahre Schinkel als ihren wichtigsten Vorläufer ansahen.

Die Bauakademie wurde 1831–36 errichtet. Das Erdgeschoss wurde an Einzelhändler vermietet. Ins erste Obergeschoss zog die Allgemeine Bauschule, wie die 1799 vom König gegründete Bauakademie nun hieß. Im zweiten Obergeschoss wurden die Oberbaudeputation, die alle größeren staatlich geförderten Bauprojekte in Preußen prüfte, und die Dienstwohnung ihres Leiters – Schinkel selbst – untergebracht. Unter dem Dach fanden Archiv und Depot Platz. In seiner Wohnung in der

Ein Bild aus dem letzten Lebensjahr der Bauakademie, 1961. Sie war bereits in vielen Teilen wiederhergestellt, als der Abriss beschlossen wurde. Rechts: Seit 2004 simulieren Plastikplanen den Baukörper.

Bauakademie starb Schinkel 1841, die Räume wurden kurz darauf zum Schinkelmuseum umgestaltet.

Ab 1884 zogen immer wieder neue Mieter in das Haus, u.a. die Messbildstelle, Teile der Nationalgalerie, das Meteorologische Institut der Universität sowie die Hochschule für politische Bildung. Im Februar 1945 nach einem Bombenangriff ausgebrannt, wurde der wiederherzustellende Bau von der DDR-Führung zum Sitz der 1951 gegründeten »Deutschen Bauakademie« bestimmt. 90 Prozent des Rohbaus waren fertiggestellt, als die Baustelle Ende 1953 stillgelegt wurde. Im Fokus der Stadtplanung stand nun der zentrale Platz, dessen westlicher Einfassung die Bauakademie im Weg war. Noch 1960 wurde diskutiert, ob man nicht Teile des Gebäudes in den geplanten Neubau des Außenministeriums integrieren könne. Am 13. März 1961 aber entschied das »Leitungskollektiv zum Aufbau des Stadtzentrums«: »Die Bauakademie von Schinkel wird abgebrochen. Die wertvollen Teile sind zu bergen mit dem Ziel, das Gebäude zu einem späteren Zeitpunkt auf dem Gelände Französische Straße, Ecke Kurstraße wieder aufzubauen.« Von Juli 1961 bis Februar 1962 wurde der Schinkelbau abgetragen.

Börse

Vor hundert Jahren war die deutsche Hauptstadt einer der großen Finanzplätze der Welt. Die Berliner Börse spielte in einer Liga mit London, Paris und New York. Die Erinnerungen daran sind verblasst, die baulichen Hinterlassenschaften der einstigen Größe wurden 1958 restlos beseitigt. Der Prachtbau, der dem Berliner Stadtbild heute gut zu Gesicht stünde, befand sich seit 1863 am östlichen Spreeufer gegenüber dem Berliner Dom (damals stand noch der bescheidene Vorgänger des heutigen Trumms) und der Museumsinsel (deren Bauten sich ehedem noch auf das Alte und das Neue Museum beschränkten). So gingen Kunst, Kirche und Kommerz im Herzen Berlins zumindest städtebaulich eine gelungene Verbindung ein. Wem von den dreien das größte Gewicht zukam, zeigte sich bei der Benennung des neuen S-Bahnhofs 1882: Man nannte ihn nicht (wie er heute heißt) Hackescher Markt oder Schlossplatz (zu DDR-Zeiten hieß er Marx-Engels-Platz), auch nicht Schloss oder Dom oder Museumsinsel – man nannte ihn Börse.

Bei der Börse handelte es sich um einen Neorenaissance-Bau mit streng symmetrischer Hauptfront. Ihr mittlerer Teil sprang ein wenig zurück, der hohe Sockel war an dieser Stelle zu einer Säulenhalle aufgebrochen, wodurch sich Anklänge an herrschaftliche Bauten mit Ehrenhof ergaben. Über dem Sockel-

Die Spree zwischen Museumsinsel, Stadtschloss und Berliner Dom (rechts) und Alt-Berlin, im Jahr 1901 von Norden gesehen. Hinter der Friedrichsbrücke sieht man am linken Ufer die Börse.

Friedrich Hitzigs Börsengebäude gegenüber dem Berliner Dom bot auch als Ruine um 1947 noch einen imposanten Anblick.

geschoss erhoben sich zwei Obergeschosse mit einer kolossalen, d.h. beide Stockwerke umfassenden, korinthischen Säulenordnung. Die Attika, die Verkleidung des Dachansatzes, war mit Skulpturen geschmückt. Über dem Haupteingang thronte eine von Reinhold Begas geschaffene Borussia als Beschützerin von Handel, Industrie und Landwirtschaft.

Herz der Anlage war der weitläufige Börsensaal, der durch Säulenreihen in drei Teile gegliedert war: die Effekten-, die Wertpapier- und die Produktenbörse. Der vielgereiste Autor Paul Lindenberg beschrieb ihn 1895 in seinem Buch »Berlin in Wort und Bild« wie folgt: »In diesem schönheitsvollen Raume mit seinen zahllosen Säulen aus poliertem schlesischem Granit, seinem aus Stuckmarmor bestehenden Wänden mit den farbenreichen allegorischen Gemälden Klöber's und seiner wundervollen kassettierten Decke spielt sich in den Mittagsstunden der Hauptbörsenverkehr ab. Wohl an die vierhundert Personen schwirren hier durcheinander, ihr Rufen, Verhandeln, Sprechen, Schnarren, Hin- und Hergehen erzeugt ein dumpf brausendes Geräusch, als ob man am Meeresstrande weile, und so unruhig wie häufig das Meer, ist diese von Minute zu Minute sich verändernde Schar von Besuchern, die alle Elemente der Börse in sich vereint: hier die Geldfürsten, deren Namen in fünf Weltteilen Klang und Geltung haben, dort sorgsam strebende Banquiers, deren Parole ›Sicherheit und Festigkeit‹ lautet, da kleine und große Jobber, die frisch drauflos spekulieren, denn sie haben meistenteils wenig zu verlieren, junge Bankangestellte, welche ihre Chefs suchen und gele-

Am einstigen Standort der Berliner Börse ist vor wenigen Jahren ein neues Büro- und Geschäftsviertel entstanden.

gentlich ein ›kleines Geschäftchen‹ machen.« Lindenberg schildert auch den feinen Humor, mit dem die Börsianer sich das Leben versüßten. Einzelne Händler trugen Spitznamen wie Schwarze Venus oder Rasender Roland. »An flauen Tagen« vertrieb man sich die Zeit damit, Besuchern Zettel auf den Rücken zu heften mit Aufschriften wie »Vor dem Gebrauch zu schütteln« oder »Achtung! Dampfwalze«. Das Parkett war nur zugelassenen Händlern geöffnet. Das interessierte Publikum konnte sich gegen 30 Pfennig Eintritt von der Empore aus ein Bild vom Börsengeschehen machen. Außer dem Börsensaal und den Büroräumen gab es im Börsengebäude auch ein Restaurant sowie Presse-, Depeschen-, Lese- und Telegraphenzimmer.

Synagoge Fasanenstraße

Die Charlottenburger Synagoge war das erste jüdische Gotteshaus im Großraum Berlin, das nach dem Bau der Neuen Synagoge in der Oranienburger Straße wieder selbstbewusst im Stadtbild auftrat. Alle Synagogen der vorangegangenen vierzig Jahre lagen in Hinterhöfen oder hinter einem Gemeindezentrum versteckt. Nun aber bedürfe es »eines solchen Schutzes Gott sei Dank nicht mehr«, hieß es im Gemeindeblatt der Jüdischen Gemeinde zu Berlin 1912.

In der Tat präsentierte sich die liberale Synagoge in der Fasanenstraße bei ihrer Einweihung 1912 als auffälliges Bauwerk: eine Mischform aus byzantinischen und romanischen Bauelementen, ein Bau aus Eisenbeton und Mauerwerk, der nicht berlintypisch mit Backstein, sondern mit dem edleren Muschelkalk verkleidet war. Die vom jungen, 1915 im Weltkrieg gefallenen Architekten Ehrenfried Hessel entworfene Synagoge war ein streng symmetrischer, längsgerichteter und dreifach überkuppelter Bau, an den nach Norden hin ein zwei- bis dreigeschossiger kleinerer Trakt mit dem Gemeindezentrum und den Schulräumen für zwölf Klassen angelagert war.

Das Gebäude stand, etwas aus der Straßenflucht zurückgesetzt, selbstbewusst auf einem Sockel. Eine breite Freitreppe

Die Synagoge in der Fasanenstraße wurde 1912 fertiggestellt. Ihre Straßenfront erinnerte an eine romanische Basilika.

führte von der Fasanenstraße hinauf zum Haupteingang, der den Männern vorbehalten war, und zu den beiden Seiteneingängen der Frauenempore. Das Foyer und die Treppen befanden sich in einem Vorbau, der den Querschnitt einer romanischen Basilika zeigte. Auch die Detailformen waren der romanischen Kirchenbaukunst entlehnt. In die hohe Nische des Hauptportals stellte der Architekt einen Eingangsbaldachin. (Er schmückt heute das Gemeindezentrum, das 1959 an gleicher Stelle entstand. Vor dem heutigen Bau steht auch ein Fragment der Doppelsäulen, die einst in drei Geschossen den mittleren Fassadenbereich rahmten.) Die oberen Säulenvorlagen, über dem Hauptgesims, wurden von Löwen getragen – ein Motiv, das man von romanischen Kirchen her kennt, sich in westeuropäischen Synagogen jedoch nur sehr selten findet. Auf dem Mittelschiff der Synagoge thronten mächtig drei abgeflachte Kuppeln auf hohem Tambour, bekrönt jeweils von Pinienzapfen – wohl eine orientalische Reminiszenz. Die beiden Seitenschiffe trugen drei Quergiebel.

Die Synagoge im Jahr 1956 von Süden aus. Ein Jahr später begann man, die im Mauerwerk gut erhaltene Ruine zu sprengen.

Auch das über zweitausend Menschen fassende Innere war prächtig gestaltet. Im Erd- und Emporengeschoss waren die Wände und Pfeiler hellgrau gefasst, nur die Laibungen der Arkaden waren mit Mosaiken geschmückt. Die Kuppeln mit einer Spannweite von 13 Meter, die Apsis und die Quertonnen über den Emporen in den Seitenschiffen erstrahlten in vielfarbigen, von Gold dominierten Mosaiken. So ergab sich ein fast märchenhafter Eindruck. Ein hoher Baldachin überfing den Heiligen Schrein.

Der Portalbaldachin über dem Eingang des Gemeindezentrums erinnert an die alte Synagoge.

In der Pogromnacht vom 9. auf den 10. November 1938 ging die Synagoge in Flammen auf, im November 1940 wurde das Grundstück enteignet. Nach dem Krieg entschloss sich die nun wesentlich kleinere Jüdische Gemeinde, die große Synagoge nicht wiederherzustellen, sondern ein neues Gemeindezentrum errichten zu lassen. Die Grundsteinlegung fand am 19. Jahrestag der Zerstörung des Altbaus statt. Anfang Dezember 1957 begann man, die guterhaltene Ruine zu sprengen.

Columbushaus

Nach den Bombennächten und den Straßenkämpfen des Zweiten Weltkriegs war der Potsdamer Platz ein Trümmerfeld. Doch viele Bauten waren bei weitem nicht komplett zerstört, und in manche Ruine zog bald wieder Leben ein: Im Hotel Esplanade feierte man rauschende Ballnächte, im Haus Vaterland eröffnete eine Gaststätte. Und der größte Bau am Platz, das kaum 15 Jahre alte Columbushaus, wurde in den unteren Etagen als HO-Warenhaus, als Filiale der Ost-Berliner Handelsorganisation, und als Wache der Volkspolizei genutzt.

Der Potsdamer Platz blieb auch in den ersten Nachkriegsjahren ein belebter Ort. Hier stießen der sowjetische (Bezirk Mitte), der amerikanische (Kreuzberg) und der britische Sektor (Tiergarten) aneinander, und so blühte der Straßen- und Schwarzhandel. Auch nachdem 1951 der Straßenverkehr zwischen Ost und West unterbrochen war und Kontrollstationen errichtet waren, blieb der Platz stark frequentiert. Das änderte sich erst 1953: Am Morgen des 17. Juni zogen Zehntausende von Demonstranten vor das Haus der Ministerien in der Leipziger Straße (heute Bundesrat und Bundesfinanzministerium), in dem die Plankommission der DDR amtierte. Diese hatte zum wiederholten Male die Arbeitsnormen erhöht, was für viele Arbeiter zu realen Einkommenseinbußen führte. Da sich Ministerpräsident Grotewohl und Parteichef Ulbricht den Demonstranten nicht zeigten, forderte die Menge bald den Rücktritt der Regierung und freie Wahlen. Gegen 10.30 Uhr stürmten Demonstranten die Polizeiwache im Columbushaus. Die Vopos hissten die weiße Fahne und

Blick vom Potsdamer Platz 1933 in die heutige Ebertstraße, die auf das Brandenburger Tor zuläuft. Links steht das von Erich Mendelssohn entworfene, 1931/32 in nur elf Monaten erbaute Columbushaus.

flüchteten in den britischen Sektor. Man schätzt die Zahl der Demonstranten allein am Potsdamer und Leipziger Platz auf sechzigtausend, als die ersten sowjetischen Panzer über die Leipziger Straße heranrollten. Es flogen Steine, Schüsse fielen, die Panzer feuerten in die Menge, ein Arbeiter wurde überrollt. Im Zuge der Gefechte – wie genau, weiß man nicht – ging das Columbushaus in Flammen auf. Am späten Nachmittag brach der Aufstand zusammen, 33 Tote blieben am Potsdamer und Leipziger Platz zurück.

Die Ruine des Columbushauses stand noch vier Jahre lang, 1957 wurde sie abgetragen. Der ehemalige Standort wurde zum Berliner Kuriosum: Beim Mauerbau 1961 wollte man dem merkwürdig gezackten Grenzverlauf zwischen Ost und West nicht folgen. Die Mauer wurde in gerader Linie vom Potsdamer Platz zum Brandenburger Tor geführt, das sogenannte Lenné-Dreieck blieb, obwohl ein Teil Ost-Berlins, westlich der Mauer – als wild wucherndes Brachland.

1950 wirkten die beiden unteren Etagen wie neu. Sie dienten einem Lebensmittelgeschäft der DDR-Handelsorganisation HO.

Mit dem Columbushaus verlor Berlin ein architekturgeschichtlich bedeutendes Gebäude. Es war vermutlich das weltweit erste große Bürohaus, das im Innern über weite Strecken ohne Stützen gebaut und somit flexibel einzurichten war. Sein Architekt, Erich Mendelsohn, von dem auch der Einsteinturm in Potsdam stammt, war mit großen Kaufhausbauten zum erfolgreichsten deutschen Architekten der 1920er-Jahre aufgestiegen. Auch der Neubau am Potsdamer Platz war 1929 als Kaufhaus geplant: als Berliner Filiale der Galeries Lafayette. Doch die Baubehörde bekam wegen des zu erwartenden zusätzlichen Verkehrsaufkommens kalte Füße. Erst 1931 begannen die Bauarbeiten für einen nun zehngeschossigen Mehrzweckbau. Der Entwurf war einerseits aus den funktionalen Bedürfnissen heraus entwickelt worden, resultierte aber auch aus dem Vorhaben der Stadt, den Potsdamer Platz zum »Weltstadtplatz« umzubauen. Mendelsohn selbst schrieb: »Im Rahmen der eigentlichen Aufgabe, Teil einer Platzwand zu sein, ist jede auffällige Eckbetonung vermieden ... Die Grundrissaufteilung aller Geschosse ist auf die einfachste Formel gebracht. Der leitende Gedanke bei der Aufteilung war, jede denkbare Verwendungsmöglichkeit von vornherein sicherzustellen, ohne dass bei später notwendig werdenden Veränderungen wesentliche Umbauarbeiten erforderlich sind.«

Mendelsohn sah sich vor ein besonderes Problem gestellt: Für die beiden unteren Geschosse waren große Schaufenster erwünscht, die weiteren Obergeschosse hingegen sollten flexibel zu unterteilen sein. Das hieß: Die konstruktiven Stützen sollten unten nicht in der Fassade, oben aber nicht im Raum stehen. So konstruierte Mendelsohn für die Obergeschosse ein Stahlskelett mit nur 16 Zentimeter breiten Stützen, die im Abstand von 1,30 Meter die Fassade gliederten. Hinter ihr erstreckte sich in jedem Geschoss eine Fläche von 6,70 Meter Tiefe und 90 Meter Länge. (Eine doppelte Stützenreihe im Zentrum des Hauses wurde beim Innenausbau in die Flurwände integriert.) Die Last der Fassade wurde im ersten Obergeschoss durch Unterzüge nach innen abgeleitet, auf wiederum nur 30 Zentimeter breite Träger.

Wo das Columbushaus von der Ebert- in die Bellevuestraße überleitete, markiert heute das Delbrückhaus (rechts) die Ecke.

Spektakulär war auch die Konstruktion des sogenannten Flugdaches über der Dachterrasse, die zu einem Restaurant gehörte. Über eine Länge von 90 Meter kragte das Dach stützenfrei um 6,50 Meter aus. Zur Hälfte war es durchfenstert, die Oberlichter waren von Heizschlangen durchzogen und somit auch im Winter schneefrei. Das Columbushaus war das erste Bürohochhaus Deutschlands mit Klimaanlage. Wasser wurde durch einen eigenen, 32 Meter tiefen Brunnen gewonnen.

Nach nur elf Monaten Bauzeit war das Gebäude, damals eines der größten deutschen Bürohäuser, bezugsfertig – eine logistische Meisterleitung. Am 1. Oktober 1932 verlegte Mendelsohn sein Büro vom Berliner Westend ins Columbushaus, ein halbes Jahr später musste er Deutschland als Jude verlassen. Er starb drei Monate nach dem Aufstand vom 17. Juni 1953 im US-amerikanischen Exil. Er hatte Deutschland nie wiedergesehen.

Völkerkundemuseum

Erst 1830 wurde das erste der Allgemeinheit zugängliche Museum Preußens eröffnet, das heutige Alte Museum. 1859 kam das Neue Museum hinzu, 1876 die Nationalgalerie. Doch zu diesem Zeitpunkt hatte Berlins Wissenschaftler und Forscher längst das Sammelfieber gepackt. Neue Museen mussten her, um der sich durch Forschungsreisen, Ausgrabungen und Ankäufe auftürmenden Schätze Herr zu werden. Noch vor dem Ausbau der Museumsinsel durch das Bode- und Pergamonmuseum wurde ein zweiter Berliner Museumsstandort begründet: 1877–81 entstand das Kunstgewerbemuseum, der heutige Gropiusbau, 1880–86 gleich nebenan das Königliche Museum für Völkerkunde. Es war ein monumentaler vierflügeliger Bau um einen offenen Innenhof, versehen mit repräsentativen Renaissance-Fassaden aus Sandstein und einem Rundbau an der spitz zulaufenden Ecke Königgrätzer / Prinz-Albrecht-Straße (heute Stresemann-/Niederkirchnerstraße). Architekt war der Berliner Hochschulprofessor Hermann Ende, nach dessen Plänen u.a. die Villa von der Heydt am Landwehrkanal und das japanische Justizministerium in Tokio entstanden.

Der Haupteingang des Museums für Völkerkunde 1936. Er befand sich an der heutigen Ecke Niederkirchner-/Stresemannstraße.

Im Rundbau befand sich über der Vorhalle ein Hörsaal, die Treppenaufgänge lagen in einem prächtigen Lichthof dahinter. Im hohen Kellergeschoss waren neben Werkstätten, Lager- und Technikräumen drei Dienstwohnungen für den Hausverwalter, den Pförtner und den »Röhrenmeister« untergebracht. Weitere Arbeitszimmer und Konferenzräume waren »zweckentsprechend nach verschiedenen Stockwerken verwiesen«, wie es ein Inventar von 1896 formuliert. Im Erdgeschoss wurden die »vorgeschichtlichen Alterthümer« und die spektakuläre Schliemann'sche Sammlung aus Troja gezeigt, in den Obergeschossen die ethnologischen Sammlungen, die man selbstbewusst und vielleicht sogar zutreffend als »die bedeutendsten und am besten geordneten der Welt« bezeichnete.

Dass in den vier Flügeln keine Zwischenwände eingezogen, dass die großen Säle also von beiden Seiten aus belichtet wurden, schuf zwar »eine reichliche und gleichmäßige Helligkeit«, brachte aber auch Nachteile: »Für die Aufstellung der Sammlungsschränke wurde eine Art Fischgrätensystem gewählt«, heißt es 1896, »derartig, dass in der Längsachse der von beiden Seiten beleuchteten Hauptsäle größere, nach der Länge durch eine Zwischenwand getheilte, und senkrecht zu diesen kleinere, ebenfalls in der Mitte getheilte Schränke angeordnet stehen. Zwischen je zweien der letzteren sind dann nach Bedarf schmälere, ungetheilte Schränke oder auch Schautische und dergleichen aufgestellt. Diese Art der Anordnung, bei welcher an jeder Fensterwand ein breiter Gang frei bleibt, hebt das vielfach störende Doppellicht der Säle auf und erleichterte die Gruppirung [!] der ausgestellten Gegenstände nach Völkerschaften.« Die Schränke waren aus Eisen und Glas gefertigt.

Die Kriegsruine 1949. Sie beherbergte noch für einige Jahre das Museum für Vor- und Frühgeschichte, ehe sie abgerissen wurde.

Im Zweiten Weltkrieg wurde das Völkerkundemuseum stark beschädigt, aber nicht stärker als der Gropiusbau, der heute wieder in seiner ganzen Pracht dasteht. Das Haus konnte sogar noch für einige Jahre das Museum für Vor- und Frühgeschichte beherbergen. Nachdem dieses dann 1958 ins Schloss Charlottenburg gezogen war, hatten West-Berlins Stadtväter für den so nahe der Sektorengrenze gelegenen Bau keine Verwendung mehr. Er musste einem Parkplatz weichen.

Elefantenhaus im Zoologischen Garten

Ob Heinrich Bodinus den Antilopen, Straußen und Elefanten ein wenig heimatliche Geborgenheit bieten wollte – oder nur den Besuchern einen exotischen Reiz? Jedenfalls brachte der erste hauptberufliche Direktor des Berliner Zoos 1869 von seiner vorherigen Wirkungsstätte Köln die Idee mit, Tierhäuser in jeweils landestypischem Stil zu errichten.

Den Anfang machte 1871 das mit vier Minaretten versehene Antilopenhaus, es folgten u.a. das Straußenhaus im ägyptischen Stil, die Einhuferhäuser mit arabischem Flair und 1873 das Elefantenhaus, das einem indischen Tempel nachempfunden wurde. Der erste Berliner Elefant, der 1857 in den Zoo kam, Boy, war nämlich

Das Elefantenhaus im Zoologischen Garten kurz vor der Sprengung 1954. Im Hintergrund sieht man die Ruine der Gedächtniskirche.

ein Asiatischer Elefant gewesen, und bis heute ist man stolz darauf, dass im Zoo seit 1906 mehrere Asiatische Elefanten geboren wurden. Unter den 91 Tieren, die den Zweiten Weltkrieg überlebten, war neben zwei Löwen, zwei Hyänen, einem Schimpansen und einem Flusspferd auch ein Asiatischer Elefantenbulle namens Siam. Doch der starb schon 1947, vermutlich an Hunger und Kälte.

Im Schicksalsjahr des Zoos 1943 sei, wie fast alle Gebäude des Zoos, auch das Elefantenhaus in Schutt und Asche gesunken, liest man allgemein. Das Gebäude, das im April 1954 gesprengt wurde, sah allerdings eher nach einer guterhaltenen Ruine als nach Schutt und Asche aus. Wie auch immer, der ein Jahr später eingeweihte Neubau bot in seiner Neutralität dann auch den Afrikanischen Elefanten keinen Grund mehr zur Klage. Letzte Pointe: Aus Zuchtgründen werden seit 1996 im Zoo nur noch Asiatische Elefanten gehalten.

Markuskirche

Friedrich August Stüler gilt als der bedeutendste Berliner Architekt der Generation nach Schinkel. Ein Kleinod in seinem umfangreichen Œuvre war die Markuskirche in Friedrichshain, die nach der gängigen Lesart im Zweiten Weltkrieg unterging. In Wirklichkeit aber wurde sie, als wiederaufbaufähige Ruine, erst zwölf Jahre nach Kriegsende abgerissen. Sie stand an der Weberstraße, die heute nicht mehr existiert: Sie stieß zwischen heutiger Karl-Marx-Allee und Lichtenberger Straße auf den Strausberger Platz.

Es war eine Art Florentiner Dom im Kleinformat, den Stüler 1848–55 für den beengten Bauplatz im armen und überbevölkerten Berliner Osten entwarf. Angeleitet vom baubegeisterten König Friedrich Wilhelm IV., übernahm Stüler aus Florenz die Idee des achteckigen Kuppelbaus und des Kampaniles. Er verzichtete auf das Langhaus, setzte den Kuppelbau stattdessen auf ein zweigeschossiges Oktogon und gestaltete alles ein paar Nummern kleiner und »berlinischer«, indem er zum Beispiel den gleichen Backstein wie bei Schinkels Bauakademie verwendete. Kuppel und Apsis waren figürlich ausgemalt, das »rosige« Licht der Radfenster soll dem Innenraum, in dem acht schlanke Säulen aus Sandstein den Kuppelaufsatz trugen, eine interessante Wirkung verliehen haben.

1944 wurde die Markuskirche von Bomben getroffen, doch wurden die Außenmauern und der Turm erst 1957 abgerissen. Der ragte bis dahin noch 60 Meter hoch hinter dem Neubaublock am Strausberger Platz auf.

Die Markuskirche war ein ungewöhnlicher Achteckbau mit Turm. Die Ruine musste der Neuplanung am Strausberger Platz weichen.

Domkandidatenstift

28 Jahre wartete die im Zweiten Weltkrieg ausgebrannte, aber in der Substanz guterhaltene Ruine auf den möglichen Wiederaufbau – dann wurde das Domkandidatenstift doch noch abgerissen, im Jahr 1972 war das. Etwas Neues wurde bis heute nicht gebaut an dieser nordwestlichen Ecke des Monbijouparks, Oranienburger Straße, Ecke Monbijoustraße. Das Domkandidatenstift war ein Predigerseminar, das Universitätsabsolventen auf ihre Aufgabe als Seelsorger vorbereiten sollte. Friedrich Wilhelm IV. hatte es 1853 gegründet. 1858/59 entstand das Stiftsgebäude nach Plänen von August Stüler: ein dreige-

Die Kapelle des Domkandidatenstifts als Ruine im Jahr 1959. Rechts hinten sieht man die Neue Synagoge an der Oranienburger Straße.

schossiger, im Grundriss H-förmiger Bau aus rotem Backstein im Rundbogenstil, der Wohnungen und Gemeinschaftsräume barg. Die Vorderfront zeigte zur Oranienburger Straße. Zur Monbijoustraße, die erst später angelegt wurde, öffnete sich ein Hof. Zwischen den östlichen Enden der beiden Trakte wurde 1871–73, ebenfalls nach Plänen des inzwischen verstorbenen Stüler, die Stiftskapelle, ein Zentralbau auf quadratischem Grundriss mit einem würfelförmigen Vierungsturm, der Glockenturm und die Apsis zum Park hin errichtet. Verschwunden ist auch die im Krieg beschädigte, 1884/85 nach Plänen des späteren Domarchitekten Julius Raschdorff erbaute angelikanische Kirche, überlebt hat aber das 1912 südlich des Domkandidatenstifts erbaute neobarocke Wohnhaus für Hofbeamte.

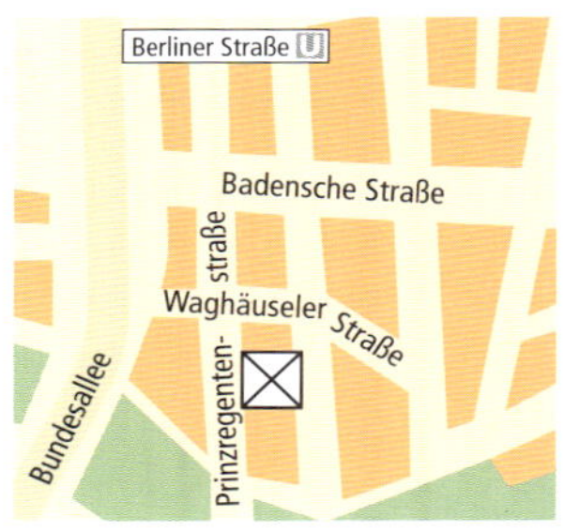

Synagoge Prinzregentenstraße

Zwei große Synagogen entstanden in den 1920er-Jahren im Deutschen Reich. Die zweite in Hamburg, die erste in Berlin, in einer Gegend, wo man es heute nicht mehr vermuten würde: an der Prinzregentenstraße nördlich des Volksparks Wilmersdorf. Heute erinnert nur noch eine Gedenktafel an der Wand eines Nachkriegshauses an die 1930 eingeweihte Synagoge, die in der Reichskristallnacht 1938 ausbrannte, 1945 beschädigt und 1958 abgerissen wurde. Bereits 1913 hatte die Jüdische Gemeinde das Grundstück erworben, 1928 waren die Nachbargrundstücke noch immer unbebaut. Dennoch entwarf Gemeindebaumeister Alexander Beer eine langgestreckte, flachgedeckte Halle mit hohem Giebel zur Straße hin und zwei Seitenflügeln, die den Komplex in eine zukünftige geschlossene Häuserfront einbinden sollten. Allerdings waren die rückwärtigen Grundstücke bebaut, und weil einer der dortigen Eigentümer befürchtete, der Neubau werde seine Wohnung verschatten, verweigerten die Behörden die Baugenehmigung. Beer zeigte sich flexibel und erfand kurzerhand für den Betraum eine

Die Synagoge an der Prinzregentenstraße – hier von Süden gesehen – machte 1958 auch als Ruine noch einen stattlichen Eindruck. Heute stehen an diesem Ort architektonisch anspruchslose Wohnhäuser.

völlig neue Form: einen Rundbau, der Platz für 2300 Gläubige bot. Breite Pfeiler stützten die Emporen und die mit Ornamenten ausgemalte Kuppel, die mit 32 Meter Durchmesser fast so riesig war wie die des Berliner Doms.

»Im übrigen wurde auf Schlichtheit und Zurückhaltung im Aufwand der größte Wert gelegt«, betonte das Gemeindeblatt der Jüdischen Gemeinde zu Berlin nach der Einweihung, der Architekt selbst sprach von »Neuer Sachlichkeit«. Die Straßenfront, aus rotem Backstein mit Gesimsen aus hellem Werkstein, wurde dominiert vom Mittelbau, der mit einer hohen, dreibogigen Portalnische und einem Radfenster im Giebel ausgezeichnet war. Im Erdgeschoss waren der Trausaal und die Werktagssynagoge, in den beiden Obergeschossen die Schule, die Bibliothek, Wohn- und Verwaltungsräume untergebracht.

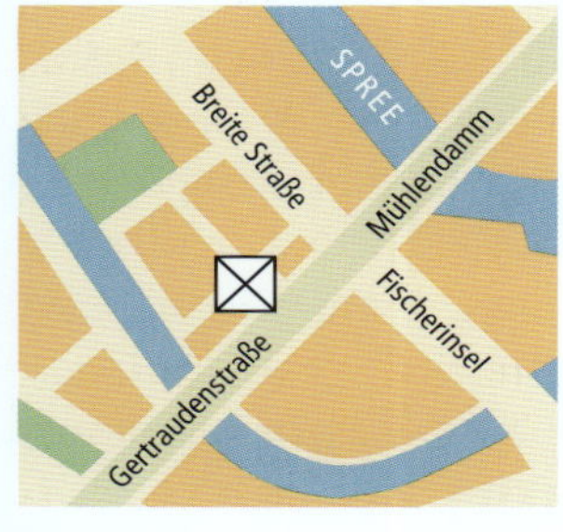

Petrikirche Cölln

Die Keimzelle der Stadt Berlin war eine Furt durch die Spree, zu deren Seiten im 12. Jahrhundert Handelsstützpunkte entstanden: Berlin auf dem Nordostufer der Spree, Cölln auf der Insel südwestlich des Hauptarms. Doch während das Nikolaiviertel mit seinen engen Sträßchen die Erinnerung an das mittelalterliche Berlin bis heute wachhält, ist die Schwesterstadt Cölln komplett verschwunden. Eine letzte Ahnung vom alten Kern der Stadt, die bis 1709 selbstständig war, vermitteln die drei Altbauten nördlich der Gertraudenstraße, die heute achtspurig das Zentrum des einstigen Cölln durchquert. 2007–09 legten Archäologen die Fundamente der alten Stadtpfarrkirche St. Petri, des Rathauses und der Lateinschule frei, für die Zukunft ist am alten Petriplatz ein »House of One« geplant, das eine Kirche, eine Synagoge und eine Moschee beherbergen soll. Im Zweiten Weltkrieg wurde die Gegend um den Petriplatz schwer getroffen. Unter aber ging der Kern des alten Cölln erst in den 1960er-Jahren, als die DDR-Oberen das ganze Gebiet abräumen ließen, um breite Straßen und moderne Ministerialbauten zu errichten.

Es war der finale Schicksalsschlag für die durch die Zeitläufte wahrlich gebeutelte Petrikirche. Zeitgleich oder kurz nach der Nikolaikirche entstand sie erst in romanischer, dann in früh-, schließlich in spätgotischer Form. So stand sie friedlich da bis zu den Zeiten Friedrich Wilhelms I. Der Soldatenkönig war zwar bekannt als Knauser, doch zwei Passionen pflegte er mit Hingabe: »lange Kerls« (Soldaten) und hohe Kirchtürme. Der gotischen Petrikirche fehlte ein stattlicher Turm, und so begann man 1726 mit dem Bau eines solchen. 108 Meter hoch ragte er bereits auf, die Gerüste sollten schon fallen, als zu Pfingsten 1730 ein Blitz in den Turm einschlug und die ganze Kirche in Brand setzte. Die Ruine wurde rasch abgeräumt und durch einen Neubau ersetzt, der 1733 eingeweiht werden konnte. Der junge Architekt Johann Friedrich Grael durfte sogar auf Studienreise quer durch die deutschen Lande gehen, damit er dem König einen neuen Turm »höher als der des Straßburger Münsters« erbaue. Doch 1734 stürzte auch der während der Bauarbeiten ein. Grael wurde inhaftiert und bald darauf des Landes verwiesen. 1809 nahte das nächste Unglück: Die turmlose Barockkirche brannte aus, doch für einen Neubau gab es in den harten Zeiten der französischen Besatzung kein Geld. Stattdessen bepflanzte man den Kirchplatz mit Bäumen.

Die Petrikirche mit dem höchsten Turm Berlins 1930 von Süden. Die Grünstraße und sämtliche Gebäude auf dem Foto sind verschwunden.

Erst 1846 wurde ein neuer Anlauf unternommen: Ein Wettbewerb wurde ausgeschrieben für einen Bau, der »den Verhältnissen einer Kirche der Haupt- und Residenzstadt entsprechen« sollte. »Die Mittellinie des Gebäudes« sollte auf die Brüderstraße treffen, um »von der letzteren aus eine Hauptansicht zu gewinnen«. Gefordert war zudem ein »massiver Turm von angemessener Höhe«, der ein Geläut von vier Glocken tragen sollte. Form und Baustil blieben den Architekten überlassen. Alle Beiträge mussten unter einem Motto eingereicht werden. »Wo der Herr nicht das Haus bauet, so arbeiten umsonst, die daran bauen«, lautete das Motto des Siegerentwurfs, und der stammte vom Hofbauinspektor Heinrich Strack. Die inzwischen fünfte Petrikirche an diesem Ort konnte 1853 eingeweiht werden, und sie war in der Tat etwas Besonderes: der nach der Friedrichswerderschen Kirche zweite neugotische Kirchenbau Berlins, ein kreuzförmiger Backsteinbau in seinerzeit außergewöhnlich enger Anlehnung an die originalen Detailformen der Gotik. Der 98 Meter hohe Turm war der höchste der Stadt, der 33 Meter hohe schmiedeeiserne Turmhelm der damals höchste in ganz Deutschland. »Um des Ueberblickes und der Akustik willen hat der Baumeister auf Stützung durch Pfeiler vollkommen verzichtet«, heißt es im Berliner Inventar von 1896. »So übt das herrliche Sterngewölbe mit seinen gewaltigen Bogen von 15 Meter Spannweite eine erstaunliche Wirkung aus.« 1500 Sitzplätze barg der nur 43 Meter lange Innenraum, die Gottesdienste begleitete eine der größten Orgeln Berlins. Tempi passati: 1945 brannte die Kirche aus, 1960–64 wurden die erhaltenen Mauern und der Turm der Petrikirche, der alten Stadtpfarrkirche von Berlins Schwesterstadt Cölln und einer der bedeutendsten Bauten der Neugotik in Deutschland, abgetragen.

Die Petrikirche, die einstige Pfarrkirche von Berlins mittelalterlicher Schwesterstadt Cölln, während der Abbrucharbeiten 1960.

Reichspräsidentenpalais

Zu den vielen Straßen Berlins, die durch die Zerstörungen im und nach dem Zweiten Weltkrieg ihren Charakter völlig verändert haben, gehört die Wilhelmstraße. Nichts ist mehr zu spüren vom Flair der Vorkriegsstraße, die von klassizistischen Adelspalais und wilhelminischen Prachtbauten geprägt war und

Seit 1919 residierte der Reichspräsident im einstigen Palais Schwerin. 1930, als dieses Foto entstand, war das Paul von Hindenburg.

als Synonym für die Regierung des Deutschen Reiches stand. Auf einem Abschnitt von kaum einem Kilometer Länge lagen die Dienst- und zum Teil auch Wohnsitze des Reichskanzlers und der Reichsminister des Auswärtigen, der Justiz, für Finanzen, für Verkehr, für Ernährung und Landwirtschaft, für Wissenschaft sowie – nach 1933 – für Luftfahrt und für Propaganda. Ja, auch das Staatsoberhaupt wohnte und amtierte mitten im Regierungsviertel, im Reichspräsidentenpalais an der Wilhelmstraße 73. All diese Bauten gingen im Bombenhagel und bei den Straßenkämpfen gegen Ende des Zweiten Weltkriegs unter.

Schaut man sich Fotos aus den ersten Nachkriegsjahren an, so ist man allerdings bass erstaunt, was da alles noch stand. Die Gebäude waren ausgebrannt, doch die Außenmauern standen vielfach noch. Die Neue Reichskanzlei war nicht stärker beschädigt als das Luftfahrtministerium, das heute als Bundesfinanzministerium fortbesteht. Ja, es gibt sogar ein Foto, das einen amerikanischen Soldaten noch im Jahr 1949 auf jenem Balkon der Reichskanzlei zeigt, den Hitler so gern für seine Reden ans Volk nutzte.

Dass die Neue Reichskanzlei von Speer 1949/50 (so spät!) abgeräumt wurde, ist sicherlich kein Verlust. Beim Reichspräsidentenpalais liegt die Sache jedoch anders. Zwar baute man 1949 gegen den Protest der Denkmalpflege die Heizanlage aus und entfernte die Dachkonstruktion, dann aber wurde das Barockpalais im Januar 1950 unter Denkmalschutz gestellt. Es dürfe auf keinen Fall gesprengt werden, die Dachkonstruktion müsse im Hof gelagert bleiben. Nur Tage später wird der Bau als »deutsches Kulturerbe« klassifiziert. 1951 meldet ein Schadensbericht: 48 Prozent des Gebäudes seien zerstört, was zum großen Teil aber erst in der Nachkriegszeit geschehen sei. Nachdem zwei weitere Gutachten das Palais als unbedingt erhaltenswert bezeichnet haben, erfolgt 1958 der Beschluss von Seiten der Stadt, das Palais als Gästehaus des Magistrats wiederherzustellen. Übergeordnete Parteistellen beschließen allerdings insgeheim, das Gelände zwischen Potsdamer und Pariser Platz zu bereinigen. Eine letzte Studie attestiert dem Palais Anfang 1960 plötzlich zu schwere Schäden, wenig später beginnt der Abriss. Zwei Sandsteinlöwen, zwei Vasen und eine Stele werden geborgen und in den Tierpark gebracht.

Ansonsten ist nichts mehr von dem prächtigen Stadtpalais erhalten, das um 1737 auf der Westseite der Wilhelmstraße dank einem kräftigen Zuschuss des Königs entstand. Zu den Besitzern gehörten der Generalleutnant Graf von Schwerin, der Etatminister von Massow, der Reichsgraf und Fürst von Sacken, genannt von Osten, und seit 1816 der Buchhändler und Verleger Reimer, der hier einen politischen Salon unterhielt. Von dessen Erben erwarb den Bau 1857 der König »für Meine Schatulle«, wie es in der Ankaufsorder Friedrich Wilhelms IV. heißt. Seit 1861 kümmerte sich das Ministerium des Königlichen Hauses von hier aus um die Privatangelegenheiten der Hohenzollernfamilie und ihren Privatbesitz, um Angelegenheiten des Hofstaats sowie um Erhebungen in den Adelsstand. Auch das Königliche Hausarchiv war hier untergebracht.

Minister und Hausherr war ab 1873 der Graf von Schleinitz, ein Intimfeind Bismarcks, der ein paar Türen weiter wohnte. Richard Wagner war ein gerngesehener Gast bei den zahllosen Abendgesellschaften, die Schleinitz und seine Frau gaben, 1873 rezitierte Wagner vor geladenen Gästen aus seiner »Götterdämmerung«. 1889 wurden nicht mehr benötigte Räume als Wohnung der ältesten Kaisersöhne Wilhelm und Eitel Friedrich eingerichtet. 1919 schließlich nahm der erste Reichspräsident Friedrich Ebert im Palais Schwerin seinen Sitz. Auf sieben Jahre gewählt, hatte er wesentlich mehr Befugnisse als der heutige Bundespräsident. Er war Oberbefehlshaber der Reichswehr, ernannte Kanzler und Minister und konnte, im begrenzten Ausnahmefall, gegen den Willen des Parlaments eine Regierung berufen. Paul von Hindenburg, der Nachfolger des Sozialdemokraten Ebert nach dessen überraschendem Tod 1925, machte davon reichlich Gebrauch. Nach dem Tode Hindenburgs im August 1934 übernahm Hitler dessen Amt, aber nicht den Titel. Das Reichspräsidentenpalais blieb zunächst Sitz der Präsidialkanzlei, die nur noch Empfänge, Zeremonien u.Ä. organisierte, ab Anfang 1939 diente die Wilhelmstraße 73 als Dienstwohnung des Außenministers Joachim von Ribbentrop.

Stadtschloss

»Das Zentrum ist der politische Mittelpunkt für das Leben der Bevölkerung ... Auf den Plätzen im Stadtzentrum finden die politischen Demonstrationen, die Aufmärsche und die Volksfeiern an Festtagen statt. Das Zentrum wird mit den wichtigsten und monumentalsten Gebäuden bebaut, beherrscht die architektonische Komposition des Stadtplans und bestimmt die architektonische Silhouette der Stadt.« So hieß es in den »Grundsätzen des Städtebaus«, die man ein halbes Jahr nach der Gründung der DDR und mit Blick auf das große Vorbild Sowjetunion formuliert hatte. Für das alte Schloss der Hohenzollern, das Symbol schlechthin für Preußen und das deutsche Kaiserreich, war da kein Platz mehr – und mochten die Kunsthistoriker auch noch so sehr beschwören, dass es der bedeutendste barocke Schlossbau des nördlichen Mitteleuropa sei.

Der Weiße Saal um 1930. Dieser Teil des Schlosses war relativ wenig zerstört, hier wurden 1946 wieder Ausstellungen gezeigt.

Der im August 1950 vorgestellte »Aufbauplan für das Zentrum des neuen Berlins« sah ein Regierungshochhaus östlich der Spree und einen Aufmarschplatz am Ort des Schlosses vor. »In seiner erweiterten Form wird der Lustgarten der ideale Ort für fließende und stehende Demonstrationen sein und 350 000 Menschen aufnehmen können«, jubelte prompt die Berliner Zeitung. »Wenn die Schlossruine verschwunden ist, wird der Lustgarten eine Größe von über 180 mal 450 Meter haben.«

Nur einen Tag nach der Verkündung des »Aufbaugesetzes«, am 7. September 1950, begann die Sprengung des Schlosses. Der Marx-Engels-Platz, mit einer

Das Schloss um 1930. Vorn erkennt man die älteren Bauteile, dahinter den Schlüter- und den Eosanderhof und vor dem Portal II den Neptunbrunnen.

Tribüne für die Staats- und Parteiführung längs der Spree, wurde am 1. Mai 1951 mit einer Großdemonstration eröffnet. 21 Jahre später begann dann doch an diesem Ort der Bau des zentralen Volkshauses mit dem Parlamentssitz. 1976 wurde der Palast der Republik eingeweiht – um schon 14 Jahre später wegen Asbestverseuchung geschlossen zu werden.

Die rekonstruierte Barockfassade des Stadtschlosses schmückt heute das Humboldt Forum.

Praktisch mit dem Tage der Wiedervereinigung setzten die Diskussionen um die Zukunft des Palasts der Republik ein, verbunden mit der Frage, ob man nicht das Hohenzollernschloss wiederaufbauen solle. 1993/94 zeigte eine bemalte Plane mit der Schlossfassade, wie der wiedererstandene Bau im Stadtbild

Wo einst der Apothekerflügel aus der Renaissance stand, stoßen heute Barock-Nachbau und moderne Rasterfassade hart aneinander.

Detail aus der seit 2013 wiedererstandenen Fassade des Stadtschlosses.

wirken würde. Argumentierten die Schlossfreunde vor allem mit ästhetischen und städtebaulichen Gründen, so kamen die Gegner des Wiederaufbaus aus verschiedenen Lagern: Die einen wollten den Palast der Republik erhalten, die anderen forderten eine zeitgemäße neue Architektur an diesem Platz, die Dritten hielten den detailgetreuen Wiederaufbau der Barockfassade schlicht für zu teuer. Am 13. November 2003 beschloss der Bundestag schließlich, den Palast abzureißen und einen Neubau hinter den rekonstruierten Barockfassaden des Schlosses zu errichten – als »Humboldt Forum«, dessen genaue kulturelle Nutzung noch definiert werden sollte.

Aus einem Wettbewerb ging im November 2008 der Italiener Francesco Stella als Sieger hervor, sein stark am historischen Vorbild orientierter Entwurf, der allerdings für den Spreeflügel eine moderne Rasterfassade vorsieht, ist seit 2013 im Bau. Die Fertigstellung ist für 2019 geplant.

Die Geschichte des Berliner Schlosses umspannt fünf Jahrhunderte. Das erste Schloss ließ sich der brandenburgische Kurfürst Friedrich II., genannt Eisenzahn, 1443–50 errichten, gegen den Willen der Stadtbürger, die den Aufstand probten und sogar den Bauplatz unter Wasser setzten, indem sie die Spreeschleusen öffneten – letztlich vergebens. Die wehrhafte Wasserburg, ausgeführt auf dem sumpfigen Gelände der Spreeinsel nördlich der Stadt Cölln und gegenüber der Stadt Berlin, hatte hundert Jahre Bestand. Dann ließ Joachim II., durch die Reformation reich geworden, sie zu einem prächtigen Renaissance-Schloss umwandeln und ausbauen – mit Türmen, Spindeltreppen und geschmückten Giebelhäusern auf dem Dach. Jeder Herrscher erweiterte das Schloss um einzelne Flügel oder baute es im Innern um. Seine Größe und imponierende Barockgestalt erhielt es aber erst unter

Kurfürst Friedrich III., der sich 1701 in Königsberg zum König Friedrich I. krönte. Schon zehn Jahre früher hatte er begonnen, den Schlosshof zu verschönern, zunächst nach Plänen eines nicht mehr bekannten Architekten, dann nach einem Plan des Schweden Nicodemus Tessin d.J., der aber gerade da zum Schlossbaumeister in Stockholm ernannt wurde. So übernahm der Bildhauer die Bauleitung, der mit der Ausarbeitung der Fassadenelemente betraut war: Andreas Schlüter. Schlüter erkannte seine Chance, legte dem Kurfürsten 1698/99 ein Modell für den Ausbau des Schlosses vor – und wurde zum Hofarchitekten ernannt.

Das Schloss erhielt nun zur Stadt hin, nach Westen zu und auf der Lustgartenseite einheitliche Fassaden, die drei Hauptflügel wurden auf eine identische Höhe von vier Geschossen gebracht: Über dem gequaderten Erdgeschoss mit den Wirtschaftsräumen saßen ein Mittelgeschoss, das »Nobelgeschoss« und ein niedriges Mezzanin- oder Halbgeschoss unter dem von einer Attika verdeckten Dach. Die Wände waren strohgelb, die Fenstergiebel, Rahmungen, Schmuckelemente usw. silbrigweiß gestrichen. Den königlichen Anspruch dokumentierten besonders die aufwendigen Portale. Das Portal I (schräg gegenüber der Breiten Straße) war mit seinen kolossalen Säulen einzig der imperialen Architektur des alten Rom vergleichbar. Auch im Innern wurde das Schloss komplett umgestaltet. Auf der Lustgartenseite entstand der Rittersaal als Ort für die Staatsbankette. Nur die ältesten Bauteile in Richtung Spree tastete Schlüter nicht an. Hier blieb das Schloss bis 1945/50 renaissancehaft urtümlich.

Zu seinem Unglück erhielt Schlüter vom König schließlich den Auftrag, den gotischen Münzturm westlich des Schlosses zum Wahrzeichen der Residenz auszubauen. Was niemand ahnte: Der Turm stand auf einer Schlammblase. Je höher man ihn aufstockte, desto mehr neigte er sich. Auch zusätzliche Fundamente nutzten nichts. So wurde 1706 der prächtige, aber schon bedenklich schrägstehende Turm abgerissen. Schlüters Schlossbaukarriere war beendet, verbittert ging er nach St. Petersburg.

Unter Schlüters Nachfolger, dem Schweden Johann Friedrich Eosander von Göthe, wurde das Schloss nun nach Westen hin verdoppelt – um einen zweiten, größeren Innenhof herum. Bei der Gestaltung der Außenfassaden setzte Eosander Schlüters Gliederung unverändert fort. Ins Zentrum der Westfront stellte er ein monumentales Por-

Blick vom Zeughaus hinüber zum Schloss vor dem Zweiten Weltkrieg

tal in der Form eines römischen Triumphbogens. Der neue Nordflügel wurde vor allem für Repräsentationszwecke benutzt: An der Nordwestecke, in der Blickachse der Lindenallee, befand sich im zweiten Obergeschoss der Weiße Saal, der größte Raum des Schlosses, zum Lustgarten hin schloss sich die Bildergalerie an. Der Südflügel, erst unter dem Soldatenkönig und der Bauleitung Martin Böhmes fertiggestellt, nahm Büros für die Staatsverwaltung auf.

Nach und nach wurden die verschiedenen Behörden aber in eigene Gebäude ausgelagert, ab 1875 diente das Schloss nur noch repräsentativen Zwecken und als Wohnsitz der Königsfamilie. Jeder neue Herrscher (außer Wilhelm I., der nie im Schloss gewohnt hat) ließ sich eine eigene Wohnung in neuen Räumlichkeiten einrichten, und so wurde bis 1918 im Innern immer wieder fleißig umgebaut und umgestaltet. Äußerlich kam nur noch ein Bauteil hinzu: 1843–52 setzte August Stüler auf das Westportal die neue Schlosskapelle und krönte den gesamten Bau mit einer mächtigen Kuppel.

Nach der Abdankung des Kaisers 1918 wurde der 1200-Räume-Bau, dessen Höfe seit Friedrich dem Großen jedermann zugänglich, seit 1890 aber wieder für die Öffentlichkeit geschlossen gewesen waren, unterschiedlich genutzt, so als Kunstgewerbemuseum, vom Psychologischen Institut der Universität – die alte Schlossküche diente als Mensa –, vom »Fürsorgeamt für Beamte aus dem Grenzgebiet« und der »Gewerkschaft Deutscher Verwaltungsbeamter«. Das Helene-Lange-Heim bot unverheirateten Studentinnen Zimmer, Lutter & Wegner mietete den Weinkeller.

Am 3. Februar 1945 brannte das Schloss vollständig aus. Aber schon im Sommer zog die Schlösserverwaltung ins Schloss zurück, ab 1946 wurden im Weißen Saal wieder Ausstellungen gezeigt. Und doch: Am 7. September 1950 um 9 Uhr morgens begannen die Sprengarbeiten. Von manchen Skulpturen hatte man zuvor Gipsabgüsse genommen, alles andere aber, was der Krieg nicht zerstört hatte, ging nun in

Derselbe Blick nach dem Zweiten Weltkrieg. Der Westflügel war 1946 größtenteils wieder benutzbar.

den Detonationen unter. Als letzter Bauteil wurde im Januar 1951 das Portal IV, das westliche Lustgartenportal, abgetragen und fürsorglich eingelagert. Vom Balkon dieses Portals aus hatte Karl Liebknecht am 9. November 1918 die »sozialistische Republik Deutschland« ausgerufen. Seit 1964 schmückt es die Fassade des damaligen Staatsratsgebäudes.

Der Schlüterhof bot 1947 ein Bild der Zerstörung. Doch man sieht, dass die Ruine bereits gesichert worden war.

Friedrichstraßenpassage

»Berlin ist dazu verdammt, immerfort zu werden und nie zu sein«, lautet das vielzitierte Bonmot des Kritikers Karl Scheffler. Nicht wenige Berliner Bauten allerdings waren dazu verdammt, nicht mehr zu sein, ohne dass etwas Neues wurde. So entging das heutige Tacheles, die malerische »Kunstruine« an der Oranienburger Straße, nur mit List und Tücke der Sprengung – nachdem der größere Teil des riesigen Komplexes wenige Jahre zuvor dem Erdboden gleichgemacht worden war, ohne dass es ein Konzept für eine Neubebauung gegeben hätte.

Es ist kaum zu fassen, aber Berlins zweite große historische Einkaufspassage – neben der kriegszerstörten Kaisergalerie zwischen den Linden und der Behrenstraße – verschwand erst in den 1980er-Jahren, nachdem der kriegsbeschädigte Bau über viele Jahre hinweg teils dem Verfall preisgegeben, teils aber auch genutzt worden war. Im Bauteil an der Friedrichstraße waren Ladengeschäfte und Büros eingezogen, an der Oranienburger Straße befanden sich zeitweilig ein Filmtheater und die Fachschule für Außenwirtschaft, die Artistenschule der DDR und eine Einheit der Volksarmee. In Etappen wurde der Komplex gesprengt, als letzter Teil sollte im April 1990 der Flügel an der Oranienburger Straße fallen.

Doch im Februar 1990 besetzte die Künstlerinitiative Tacheles die Ruine und beantragte den Stopp der Abrissvorbereitungen. Der Magistrat Ost-Berlins fackelte nicht lange und setzte für den 10. April 1990 die finale Sprengung an. Erst ein Veto der Bürgerrechtler beim Berliner »Runden Tisch« bewirkte einen Aufschub.

Auf eigene Faust ließen die Hausbesetzer daraufhin ein Baugutachten erstellen, das zur Überraschung der Politiker die statische Sicherheit und Zukunftsfähigkeit des Gebäudes bescheinigte. Das Haus wurde zunächst unter vorläufigen, 1992 unter definitiven Denkmalschutz gestellt. Am Ort der gesprengten Passage gähnt bis heute eine riesige Brache. Wie imposant der Einkaufstempel einst gewesen sein muss, kann man am erhaltenen Bauteil gut ermessen.

Der Bauplatz für die Passage war ideal gewählt: Die zu Beginn des 20. Jahrhunderts stark frequentierte Friedrichstraße und die nicht minder belebte Oranienburger Straße stoßen hier im spitzen Winkel aufeinander. Eine Passage, die den Passanten den Weg um die Spitze ersparte, musste einfach ein Erfolg werden – so dachten es sich die Bauherren, darunter eine große Immobilienfirma. Nach Plänen und unter der Leitung des Baurats Franz Ahrens entstand 1907–09 der erste deutsche Großbau aus Stahlbeton. Die Mauern waren mit edlem Muschelkalk verkleidet und zum Teil mit aufwendigen Skulpturen geschmückt. Vom erhaltenen Torbogen in der Oranienburger Straße führte eine 170 Meter lange Passage quer durch den Block zur Friedrichstraße, wo der zweite Kopfbau ganz ähnlich dem an der Oranienburger Straße gestaltet, allerdings symmetrisch um den Passageneingang herum angelegt war. Der gesamte Baukomplex war fünf Geschosse hoch, die Passage selbst wurde durch eine flache Glasdecke belichtet. Clou der Anlage war auf halbem Weg zwischen beiden Kopfbauten eine runde Halle unter einer 30 Meter hohen, aus Beton gegossenen gläsernen Kuppel. In der Halle führten Freitreppen zu zwei edel gestalteten Ausstellungssälen. Im Kopfbau an der Friedrichstraße befand sich ein Musiksaal für Konzerte, an der Oranienburger Straße war ein weiterer Saal im orientalischen Stil ausgestattet. Marmor und bronzene Fensterrahmen, venezianische Mosaiken und Porzellanschmuck – alles in der Passage atmete edle Wohlhabenheit. Die Verkaufsräume erstreckten sich über alle fünf Geschosse; der Besucher- und Warenverkehr wurde über zehn Treppenhäuser, weitere neun Verbindungstreppen sowie zwölf Personen- und zehn Lastenaufzüge geleitet, die interne Kom-

Ab 1928 hieß die Passage »Haus der Technik«. Der Kopfbau an der Friedrichstraße wurde erst nach 1980 gesprengt.

Der Blick in die Kuppelhalle, das Herzstück der Friedrichstraßenpassage, 1928 und 1980. 35 Jahre nach Kriegsende war der Bau zwar in ruinösem Zustand, aber doch erstaunlich gut erhalten.

munikation erfolgte über ein eigenes Rohrpostsystem. Auch das Geschäftsmodell, nach dem sich das Bauprogramm richtete, war für Berlin innovativ: Die Verkaufsflächen wurden an Einzelhändler vermietet, der Betreiber stellte die Lagerräume und Technik zur Verfügung und kümmerte sich um Logistik und Versand der Waren. Diese ungewöhnliche Mischform scheint aber keine glückliche Lösung gewesen zu sein: Die Passage-Kaufhaus-Gesellschaft schrammte über viele Jahre immer wieder knapp an der Pleite vorbei. 1928 übernahm der AEG-Konzern das Haus und wandelte es in ein Spezialkaufhaus für Elektroartikel um. Künftig fanden hier auch Produktpräsentationen und Ausstellungen von Neuentwicklungen statt. Aus dem »Passage-Kaufhaus« wurde das »Haus der Technik«. Über dem Eingang an der Friedrichstraße prangte aber weiterhin die Bezeichnung »Friedrichstraßen-Passage«.

1982 war die Passage selbst bereits verschwunden, der Kopfbau an der Oranienburger Straße aber überstand die DDR-Zeit. Bis 2000 wurde er, jetzt als Kulturhaus Tacheles, baulich gesichert.

Neue Bauten braucht das Land!

Bauwerke, die in der Zeit des Kalten Kriegs abgerissen wurden

Fischerinsel

Verwinkelte Gassen, vom Alter gebeugte Häuser – eine Altstadt mit romantischem Flair sucht man in Berlin vergebens. Dabei hat sich die heutige Bundeshauptstadt aus zwei mittelalterlichen Städten entwickelt. Von der einen, Berlin, sind wenigstens noch die Nikolai- und die Marienkirche, die Ruine der Klosterkirche und sogar ein Rest der Stadtmauer – an der Littenstraße – erhalten geblieben. Das auf der Spreeinsel gelegene alte Cölln hingegen ging im Zweiten Weltkrieg unter.

Fährt man heute vom Potsdamer Platz zum Alexanderplatz, so mag man kaum glauben, dass die Gertraudenstraße mitten durchs Zentrum der alten Stadt Cölln führt. Auf dem Petriplatz, heute nur noch am Straßenschild und den jüngst wieder ausgegrabenen Fundamenten erkennbar, stand bis zur Sprengung nach dem Zweiten Weltkrieg die Petrikirche, die Pfarrkirche Cöllns. Südöstlich davon erstreckte sich ein urtümliches Viertel, das Fischerinsel oder auch Fischerkiez genannt wurde. Ursprünglich die Wohngegend der relativ wohlhabenden Fischer- und Schifferfamilien der Stadt, wurde das Viertel seit dem 17. Jahrhundert immer dichter bebaut – und verlor damit an Sozialprestige. Spätestens im 19. Jahrhundert war die Fischerinsel das Quartier der armen Leute. Und das blieb sie bis zu den Bombardements des Zweiten Weltkriegs: ein

Die Nordseite der Friedrichsgracht zwischen Insel- und Rossstraßenbrücke um 1920. Dies war der urtümlichste Teil Berlins.

Die Baustelle auf der Fischerinsel, im Jahr 1969 von Westen gesehen, mit dem nagelneuen Fernsehturm im Hintergrund. Die erhaltenen Altbauten mussten weichen, der Verlauf der Straßen wurde verändert.

von den Stadtplanern übersehenes, wildromantisches, vor sich hin verfallendes Viertel mit jahrhundertealter Bausubstanz.

Die Bomben zerstörten viel, aber längst nicht das ganze Viertel. Viele Häuser wurden wieder bewohnbar gemacht, um manche Bauten kümmerte sich bereits die Denkmalpflege. Und es gab auch Ideen, Künstler- und Handwerkerateliers in diesem letzten urwüchsigen Viertel Berlins anzusiedeln. Doch die Stadt- und Staatsväter setzten andere Prioritäten: Wohnraum musste her! Und so räumte man 1967–73 die gesamte Fischerinsel ab und errichtete sechs Hochhäuser. Selbst die vollständig erhaltene Zeile gegenüber dem Märkischen Ufer musste verschwinden. Was sind schon sieben barocke Wohnhäuser gegen eine schöne Grünanlage!

Wo einst der Fischerkiez ans alte Berlin erinnerte, erinnern heute sechs Hochhäuser an die Wohnbauförderung in der DDR.

Sportpalast

Der Admiralspalast in der Friedrichstraße und der Eispalast in der Schöneberger Lutherstraße hatten gezeigt, dass sich mit Eislaufpalästen in Berlin gut Geld verdienen ließ. »Nicht kleckern, sondern klotzen!«, dachten sich die Investoren des »Hohenzollern-Sportpalasts und Winter-Velodroms« und eröffneten am 17. November 1910 den »größten Eispalast der Welt« – mit Beethovens neunter Sinfonie unter der Leitung von Richard Strauss. Der Bau stand an der Potsdamer Straße nördlich der Ecke zur Pallasstraße; heute erhebt sich dort das Pallasseum, wie der langjährige »Sozialpalast« inzwischen getauft wurde.

Äußerlich war der Sportpalast bis zu seinem Ende 1973 kein wirklicher Hingucker, doch bis zu den Kriegszerstörungen konnte man sich im Innern des von Hermann Dernburg entworfenen Gebäudes an gediegenem Prunk erfreuen. Die Eisfläche maß 78 mal 32 Meter und galt damit 1910 als größte Kunsteisbahn der Welt, groß genug für die Austragung von Eishockeyspielen. Das gewölbte Dach war so in Stahl konstruiert, dass es von den Wänden oberhalb der zweiten Empore getragen wurde. Und weil auch die beiden rings umlaufenden Emporen stützenfrei konstruiert waren, hatte man von den allermeisten Plätzen aus beste Sicht auf das Geschehen. Die Spannweite der Deckenbinder betrug 49,20 Meter – womit die Halle in Berlin nur von der des Anhalter Bahnhofs übertroffen wurde. Das Mauerwerk war klassisch aufgemauert und verputzt.

Sechstausend Zuschauer fanden auf den drei Rängen Platz. Mit hölzernen Palet-

Ein großer Vorplatz trennte den Sportpalast von der Bauflucht der Potsdamer Straße (Foto: 1967). 1910 war das Gebäude als »größter Eispalast der Welt« mit Beethovens neunter Sinfonie eröffnet worden.

Der Sportpalast war auch nach dem Zweiten Weltkrieg noch eine Institution. 1962 fand hier das 50. Berliner Sechstagerennen statt.

ten ließ sich die Eisfläche abdecken, so dass die Bestuhlung auf 12 000 verdoppelt werden konnte. Doch der erhoffte wirtschaftliche Erfolg blieb aus. Nur Monate nach der Eröffnung musste ein Mäzen einspringen, und bis zum Ende der Geschichte des Palasts gaben sich diverse Betreiber und Eigentümer die Klinke in die Hand.

Dabei versuchte man mit spektakulären Veranstaltungen wie den Filmvorführungen im »größten Kino der Welt« die vergnügungssüchtigen Berliner anzulocken. Doch die Zeiten waren nicht gut. Erst als die Inflation überstanden war, begann die große, die goldene Zeit des Sportpalasts. Nun fanden auch die großen Boxwettkämpfe statt, bei denen sich die Prominenz am Ring versammelte, darunter oft der junge Bertolt Brecht.

Furore machten aber vor allem die alljährlichen Sechstagerennen, eine New Yorker Erfindung von 1899, die 1909 in Berlin übernommen wurde und zunächst in den Ausstellungshallen am Zoo, ab 1911 im Sportpalast stattfanden. »Hundertvierzig Stunden machen Sie egalweg Runden. Und wem zu stark die Rübe döst, wird vom Partner abgelöst«, reimte Alfred Kerr, und Ödön von Horváth schrieb gar ein »Kleines Sportmärchen« mit dem Titel »Aus dem Leben einer Rennfahrerfamilie«. Das Geschehen in der »elliptischen Tretmühle« (Egon Erwin Kisch) faszinierte die Massen, die Renntage – und mit ihnen der ganze Sportpalast – wurden zum Schmelztiegel der sozialen Schichten. Hier trafen sich Arm und Reich, Arbeitslos

1973 waren die Tage des Sportpalasts gezählt. Die letzte große Veranstaltung war ein Konzert von Benny Goodman, dann schloss er im März endgültig seine Pforten. Rechts: Im November begann der Abriss.

und Wohlbestallt. Wobei die billigen Plätze auf dem »Heuboden« unterm Dach mit Gesängen und Pfeifkonzerten das Kommando übernahmen, angetrieben von den witzig-frechen Zwischenrufen des Sportpalast-Faktotums Franz Habisch, genannt Krücke, der mit 16 Jahren nach einem Straßenbahnunfall seine Hoffnungen auf eine Rennfahrerkarriere hatte begraben müssen. Die Macht der Masse bekamen auch die Nationalsozialisten zu spüren: 1933 verboten sie den beliebten Sportpalastwalzer – sein Komponist Siegfried Translateur hatte jüdische Vorfahren –, doch die Zuschauer störte das wenig, angeführt vom »Heuboden« pfiff die ganze Halle weiterhin den Walzer. Die Nazis rächten sich, indem sie die Sechstagerennen kurzerhand abschafften.

Am Ort des Sportpalasts entstand der »Sozialpalast«, der heute, an der Pallasstraße gelegen, den schönen Namen Pallasseum trägt.

Seit den 1920er-Jahren hatte es im Sportpalast zahlreiche Parteitage und hochkarätige Wahlveranstaltungen verschiedener Parteien von der NSDAP bis zur KPD gegeben. Nun, 1933, wurde die Halle zum zentralen Propaganda-Ort der NS-Diktatur. Joseph Goebbels, »Gauleiter« der NSDAP in Berlin, hatte sein Büro in den 1920er-Jahren nur wenige Häuser entfernt, und er erkannte früh das Potenzial, das im Sportpalast mit seiner besonderen Atmosphäre steckte. Und Goebbels war es auch, der für den makabren Tiefpunkt in der Geschichte des Hauses sorgte, als er am 18. Februar 1943 – die Schlacht um Stalingrad war soeben verloren – »die Deutschen« fragte: »Wollt Ihr den totalen Krieg?« Die Folgen sind bekannt. Am 30. Januar 1944, auf den Tag genau elf Jahre nach Hitlers Machtergreifung, wurde der Sportpalast ausgebombt. Wochenschau-Bilder aus dem Winter 1944/45 zeigen allerdings, dass bereits wieder Eiskunstlauf unter freiem Himmel vorgeführt wurde.

Nach dem Krieg wurde der Sportpalast notdürftig wiederhergestellt, zunächst als Freiluftarena. 1953 wurde der Saal provisorisch überdacht – und dabei blieb es. Die Halle wurde wie zuvor für alle möglichen Sport- und Kulturveranstaltungen genutzt, seit 1953 auch wieder für die Sechstagerennen, vor allem aber für Konzerte. Legendär wurde der Sachschaden, den die »halbstarken« Fans von Bill Haley 1958 anrichteten. Aber auch Ella Fitzgerald und Frank Zappa, Jimi Hendrix und Pink Floyd beehrten die legendäre Adresse, deren Ende dann ganz plötzlich kam: Als der letzte Geschäftsführer bei einem Unfall unerwartet starb, schloss der Palast im März 1973 für immer seine Pforten. Im November 1973 begann der Abriss.

Versöhnungskirche

Sie war wohl das letzte architektonische Opfer der innerdeutschen Teilung. Dabei war die 1894 eingeweihte Versöhnungskirche eigentlich eine jener vielen Stadtteilkirchen, die zwischen 1890 und 1910 an allen Ecken und Enden des rasant wachsenden Berlin entstanden waren: ein neugotischer Bau, mit rotem Backstein verblendet und versehen mit einem quadratischen, von einem spitzen Helm bekrönten Turm, der die stattliche Höhe von 75 Meter erreichte. Zwar hatte der Architekt Gotthilf Ludwig Möckel hier erstmals eine ganz besondere Konstruktion angewandt, die die normalerweise quadratische Vierung zu einem Achteck weitete und auf die er sogar ein Patent besaß. Doch zum Verhängnis wurde der Versöhnungskirche nicht ihre konstruktive Finesse, sondern ihre Lage an der Bernauer Straße. Die bildete seit 1920 die Grenze zwischen den Bezirken Mitte und Wedding – und trennte damit ab 1945 den Sowjetischen vom Französischen Sektor. Der Zaun zum Kirchhof gehörte zu Mitte, der Bürgersteig vor dem Haupttor schon zu Wedding. Eine merkwürdige Grenzziehung, die aber niemanden störte – bis zum 13. August 1961.

Die Versöhnungskirche, ein typischer Kirchenbau der wilhelminischen Zeit, im Jahr 1897. Rechts: 1981 stand sie dann einsam und verlassen, aber vollkommen intakt im Todesstreifen hinter der Mauer.

Am frühen Morgen jenes Sonntags riegelten Volkspolizisten und Soldaten der Nationalen Volksarmee alle Straßen und Bahnlinien zwischen den Berliner Stadthälften ab. Rings um West-Berlin entstand eine Absperrung aus Pfählen und Stacheldraht, S- und U-Bahnhöfe wurden geschlossen. Die drei Westmächte protestierten erst vier Tage später, als die Grenzer den Stacheldraht bereits gegen die ersten Betonelemente austauschten, gegen den Bruch des Viermächte-Abkommens – vergeblich.

Die Bernauer Straße war der einzige Bereich in ganz Berlin, in dem die »Baufluchtlinie«, d.h. die Straßenfronten der Häuser, die Grenze bildete. Mit einigen Tagen Verspätung, erst am 19. August, begannen die ostdeutschen Grenzer, die Erdgeschosse und Kellerfenster zuzumauern. Die Mieter der Häuser wurden zum

Zunächst wurde das Kirchenschiff gesprengt, sechs Tage später, am 28. Januar 1984, fiel dann auch der Turm der Versöhnungskirche. Endlich hatten die DDR-Grenzer freies Sicht- und Schussfeld.

Auszug gedrängt. Doch noch waren die Fenster der oberen Etagen geöffnet, und das nutzten zahlreiche Ost-Berliner zur Flucht. In jenen Wochen gingen Fotos aus der Bernauer Straße um die Welt, etwa das der 77-jährigen Frieda Schulze, die aus dem Fenster ihrer Wohnung im ersten Stock klettert: Von oben versuchen Volkspolizisten sie zurückzuholen, von unten ziehen West-Berliner sie ins Sprungtuch der Feuerwehr. Nicht alle Fluchtversuche endeten glücklich: Ida Siekamm zum Beispiel stürzte am 22. August aus dem dritten Stock trotz des Sprungtuchs in den Tod. Wenige Wochen später waren sämtliche Fenster der Mauerhäuser zugemauert. Vier Jahre darauf wurden die Obergeschosse abgetragen, die vermauerten Erdgeschosse aber wurden erst 1979/80 gegen die üblichen »Stützwandelemente« aus Beton ausgetauscht.

Auch die Versöhnungskirche führte seit August 1961 ein merkwürdiges Dasein. Am 20. August wurde das Hauptportal zum Kirchhof – etwa 10 Meter vor dem Hauptportal der Kirche selbst – 4 Meter hoch zugemauert. Die Gläubigen der West-Berliner Seite konnten ihre Kirche nicht mehr erreichen. Drei Monate später wurde auch den Ost-Berliner Gemeindemitgliedern der Zutritt verwehrt. Die Kirche wurde geschlossen, der Kirchturm seitdem von den DDR-Grenzern als Wachturm genutzt. Mehr als zwanzig Jahre stand die völlig intakte Versöhnungskirche einsam und allein im »Todesstreifen« hinter der Mauer. Dann, am 21. Januar 1985, standen plötzlich Parkverbotsschilder auf der Bernauer Straße (in West-Berlin) mit der lapidaren Erklärung: »22. Januar 1985 ab 8 Uhr Sprengung«.

Ende 1984 hatten sich die DDR-Behörden und das Konsistorium der Evangelischen Kirche auf einen Grundstückstausch geeinigt; alle verbliebenen Gegenstände und Kunstwerke aus der Kirche wurden in Sicherheit gebracht, die Christusfigur hoch über dem Eingang übergab man der Gethsemanekirche im Prenzlauer Berg, vor der sie noch heute steht. Am 22. Januar 1985 wurde das Kirchenschiff gesprengt, sechs Tage später der Turm. »Objekt 7« war verschwunden, der »Maßnahmeplan zur Durchführung von baulichen Aufgaben für die Erhöhung von Sicherheit, Ordnung und Sauberkeit an der Staatsgrenze zu Berlin-West«, wie es im DDR-Bürokratendeutsch hieß, war erfüllt. Am Ort der alten Versöhnungskirche steht seit 2000 zur Erinnerung die »Kapelle der Versöhnung«.

Heute steht am Ort der gesprengten Kirche die kleine und turmlose, allerdings architektonisch raffinierte Kapelle der Versöhnung.

Gaswerk IV

Für viele Bewohner des Prenzlauer Bergs waren die Gasometer des einstigen Gaswerks IV die Wahrzeichen des Bezirks: drei aus gelbem Backstein errichtete Kolosse aus den Jahren 1889, 1896 und 1900. Sie standen unter Denkmalschutz, doch das nutzte ihnen ebenso wenig wie der für DDR-Verhältnisse erstaunlich laute Protest von Denkmalpflegern und Bürgerinitiativen. Am 28. Juli 1984 sackten sie in sich zusammen, knapp zwei Jahre später konnte man den »Ernst-Thälmann-Park« feierlich eröffnen – am 16. Juli 1986, zum hundertsten Geburtstag des kommunistischen Parteiführers der 1920er- und 1930er-Jahre. Zum Areal gehörten neben Lew Kerbels monumentalem Thälmann-Denkmal auch 1332 Plattenbauwohnungen für rund viertausend Menschen, außerdem ebenso viele Bäume und ein künstlich angelegter See, eine Schule, Sozialeinrichtungen und Gaststätten. Ob es sich tatsächlich um ein »architektonisch und künstlerisch beispielloses Ensemble« handelt, »ein Symbol menschenwürdigen Lebens«, wie man die Anlage zu DDR-Zeiten pries, muss jeder für sich entscheiden. Erhalten vom Gaswerk blieb allein die einstige Verwaltung, ein backsteingelber Altbau, der heute für Theater und Ausstellungen genutzt wird.

1981 wurde das Gaswerk an der Prenzlauer Allee stillgelegt, drei Jahre später wurden die drei Backsteinkolosse gesprengt.

Natürlich hatten die DDR-Oberen recht, wenn sie im Nachhinein betonten, dass die Nachbarn des riesigen Gaswerks mit Ruß und Gestank zu kämpfen hatten. Doch nach der Stilllegung des Werks 1981 war es damit vorbei gewesen. Bürgerinitiativen und Denkmalschützer hatten vergeblich neue kulturelle Nutzungen vorgeschlagen. Überhaupt musste alles recht schnell gehen, und so hielt man sich nicht lange mit dem Beseitigen der Umweltschäden auf. Das Grundwasser, das mit Cyaniden und Phenolen belastet ist, wird heute im Park biologisch gereinigt, indem es aus 30 Meter Tiefe heraufgepumpt, gereinigt und als sauberes Wasser dann wieder in die Erde zurückgepumpt wird.

Die Geschichte der Berliner Gasbeleuchtung begann 1826 Unter den Linden. 1842 beschloss der Berliner Magistrat den Aufbau eigener Gaswerke, zuvor betrieben englische Kaufleute die Gasproduktion der Stadt. Das vierte und mit Abstand größte Gaswerk entstand 1872 auf einem Hügel nordöstlich der Stadt. Ausschlaggebend für die Standortwahl war die Anbindung an die Ringbahn gewesen, über die der Grundstoff der Gasgewinnung, die Steinkohle, angeliefert und die entstandenen Flüssigprodukte und der Koks abtransportiert wurden.

Durch das Wachstum Berlins und seiner Industrie wuchsen auch die Aufgaben des Gaswerks IV. Die öffentliche Beleuchtung wurde beträchtlich ausgebaut, in den Haushalten hielt der Gasherd Einzug, seit 1916 wurde an der Danziger Straße auch Benzol hergestellt, und ab 1935 wurden Tausende BVG-Busse mit Gasbetrieb ausgerüstet, wodurch beträchtliche Mengen Benzin eingespart werden konnten – eine Hochdruckgastankstelle war an der Greifswalder Straße installiert.

Bereits in den 1930er-Jahren gab es Pläne, das Werk stillzulegen und Berlin durch Ferngas zu versorgen. Ein kleiner Teil des Werkareals an der Winsstraße, Ecke Danziger Straße wurde tatsächlich schon planiert und zu einem Park umgewandelt. Doch die Schließung des Werkes war während des Kriegs kein Thema mehr.

Obwohl die Anlage 1945 zu 90 Prozent zerstört war, ging sie schon 1946 wieder in Betrieb, nach der Teilung der Stadt 1949 war sie neben dem in Lichtenberg das einzige Gaswerk im Ostteil Berlins. 1952 erklärte das Aufbauprogramm der DDR den Ausbau der Schwerindustrie zur vorrangigen Aufgabe, und das bedeutete, dass das Gaswerk Dimitroffstraße, wie es nun hieß, wiederhergestellt und binnen zehn Jahren zu einer modernen Gaskokerei ausgebaut wurde. Seit 1979 wurde Ost-Berlin aber mit sowjetischem Erdgas beliefert, und so legte man den Komplex 1981 nach 108 Betriebsjahren still.

Am Ort des Gaswerks erstreckt sich seit 1986 der Ernst-Thälmann-Park.

Voxhaus

»Achtung! Hier Sendestelle Berlin Voxhaus, Welle 400. Wir bringen die kurze Mitteilung, dass die Berliner Sendestelle Voxhaus mit dem Unterhaltungsrundfunk beginnt.« Mit diesen Worten begann am 29. Oktober 1923 um 20 Uhr die Geschichte des öffentlichen Rundfunks in Deutschland. Zwölf Musikstücke erklangen während der ersten deutschen »Funkstunde« live aus dem Haus in der Potsdamer Straße 4, dann verabschiedete sich Sprecher Alfred Braun mit den Worten: »Wir wünschen Ihnen eine gute Nacht! Vergessen Sie bitte nicht, die Antenne zu erden!«

Der Sender stand in einer Dachkammer, das »Aufnahmestudio« lag im dritten Stock: 3,50 Meter mal 3,70 Meter groß, möbliert mit einem Klavier, einer Sprechmaschine, Stühlen und Notenständern. An den Wänden klebte aus akustischen Gründen Krepppapier, hinter Pferdedecken waren die technischen Apparate verborgen. Zwei Jahre später arbeitete man bereits in 25 Räumen und zwei großen Aufnahmestudios – eines groß genug für ein Orchester mit sechzig Musikern. Bootsmotoren, eine Regenanlage und ähnliche Effektgeräte standen für Hörspielproduktionen bereit. 1926 nahm man gar Wagners »Tristan« hier auf. Was als »Joint-Venture« zwischen der Reichspost und der Vox-Haus GmbH, die Sprechmaschinen herstellte und Schallplatten verkaufte, begonnen hatte, wurde zu einer Erfolgs-

Das Voxhaus an der alten Potsdamer Straße 1969 und kurz vor der Sprengung 1971. Das Land Berlin als Eigentümer wusste mit dem Geburtshaus des deutschen Rundfunks nichts mehr anzufangen.

geschichte ohnegleichen. Bald war fast das gesamte Gebäude von den Radiomachern belegt – und der Platz reichte noch immer nicht. 1931 endlich konnte der Rundfunk in das riesige neue Funkhaus Witzleben an der Masurenallee umziehen.

Das 1907/08 errichtete Voxhaus, zeitweilig auch Sitz der Reichs-Rundfunk-GmbH, einer Art ARD der Vorkriegszeit, wurde wieder zum »normalen« Geschäftshaus. Nach dem Zweiten Weltkrieg zogen Ladengeschäfte und zwei Kinos ins Haus, seit dem Mauerbau 1961 aber liefen die nicht mehr gut. 1971 ließ das Land Berlin als Eigentümer das Voxhaus sprengen, um Platz für eine Schnellstraße zu schaffen. Heute erinnert nicht einmal eine Gedenktafel an die Geburtsstätte des deutschen Rundfunks, die schräg gegenüber dem Weinhaus Huth stand.

Deutsche Sporthalle

Natürlich ist es beeindruckend, wenn eine repräsentative, natursteinverkleidete Halle für 5100 Besucher in nur 199 Tagen errichtet wird. (Andere Quellen berichten sogar von 149 oder 119 Tagen!) Wenn der Bau dann aber zwanzig Jahre später wegen Einsturzgefahr abgerissen werden muss, fragt man sich, ob man den Bauleuten und Ingenieuren nicht doch hundert Tage mehr hätte geben sollen. Zu spät: Der neoklassizistische Prunkbau mit dem anspruchsvollen Namen Deutsche Sporthalle ist nur noch eine Fußnote in der Berliner Architekturgeschichte.

Spaziert man vom Strausberger Platz die Karl-Marx-Allee stadtauswärts, so stößt man hinter der ersten Querstraße, der Lebuser Straße, linker Hand auf einen Wohnblock, der, anspruchslos und aus der Flucht des Boulevards zurückgesetzt, so gar nicht in die neoklassizistische Pracht der einstigen Stalinallee passen will. Dies ist der Ort, an dem eines der ersten und größten Renommierprojekte der noch jungen DDR sein kurzes Leben fristen durfte: eine riesige Sport-, Fest- und Kongresshalle, ein mit gelbbraunen Travertinplatten verkleideter Stahl- und Stahlbetonbau auf querovalem Grundriss, der von außen durch die höhergezogenen, monotaktischen Treppenhäuser an den Flughafen Tempelhof erinnerte. Man betrat die Anlage von der Stalinallee aus durch eine Säulenhalle und ein hohes Foyer, in dem oft Ausstellungen stattfanden. Im Obergeschoss des Eingangsbereichs befand sich eine Dauerausstellung der Deutschen Bauakademie, die über ihre Planungen zur Stalinallee und den Wiederaufbau Ost-Berlins informierte. Das flache Relief mit Sportdarstellungen über dem Säuleneingang unterstützte die Monumentalität des Gebäudes, das zu den III. Weltjugendspielen 1951 eingeweiht wurde. Die von Richard Paulick entworfene Halle, der erste neoklassizistische Bau an der künftigen Prachtmeile, wurde 1971 wegen Baufälligkeit gesprengt.

Die Deutsche Sporthalle war ein Rundbau mit vorgesetzter Eingangshalle. Hier der Blick von Südwesten im Jahr 1953.

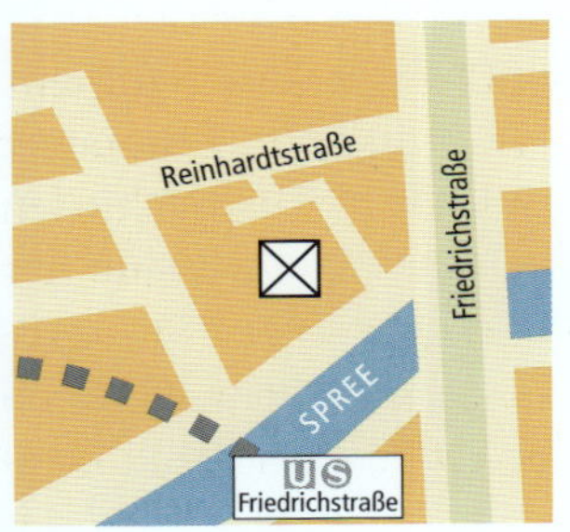

Friedrichstadtpalast

Venedig steht seit über tausend Jahren auf Millionen von Holzpfählen im Schlamm der Lagune – dem Berliner Friedrichstadtpalast indes machten morsche Holzpfähle schon nach hundert Jahren den Garaus. Dieses eine Jahrhundert aber verlief recht turbulent.

Es begann damit, dass einige Geschäftsleute im Jahr 1865 auf eine bahnbrechende Idee kamen: Der Handel mit frischen Waren sollte nicht mehr unter freiem Himmel, sondern geschützt unter einem Dach stattfinden, in einer sogenannten Markthalle. Der renommierte Architekt Friedrich Hitzig entwarf daraufhin eine elegante Stahlkonstruktion nach Art einer fünfschiffigen Kathedrale. 5300 Quadratmeter Einkaufsparadies versprachen

Der Friedrichstadtpalast 1982 und während des Abrisses 1984. In seiner Nachbarschaft wirkte das Berliner Ensemble geradezu zierlich.

die Aktionäre den Berlinern. Doch die blieben lieber ihrem vertrauten Gemüsestand treu. Ein halbes Jahr nach der Eröffnung 1867 war das Unternehmen gescheitert. Es dauerte noch fast zwanzig Jahre, bis die Stadt Berlin einen neuen Versuch startete. Die Zentralmarkthalle am Alexanderplatz wurde ein großer Erfolg, 13 weitere Markthallen, über die ganze Stadt verteilt, folgten. Wieder mal hatte sich gezeigt: Wer zu früh kommt, den bestraft das Leben.

Der auf einem ehemaligen Holzlagerplatz erbaute und – wegen des sumpfigen Bodens – auf Holzpfählen gegründete Bau wurde zur Lagerhalle, 1873 dann zum »Markthallen-Zirkus«. Fünftausend Zuschauern bot der Riesenraum Platz – zu viel vielleicht für einen dauerhaften kommerziellen Erfolg. Ob die Zirkusdirektoren nun Salamonsky, Renz oder Schumann hießen – früher oder später gaben sie alle auf. Albert Schumann immerhin wurde posthum mit einer Straße geehrt, und auch der Verbindungsweg zwischen Schiffbauerdamm und Reinhardtstraße erinnert an die Zirkuszeiten: Er heißt noch heute schlicht »Am Zirkus«.

Mit Reinhardt ist bereits der nächste Hausherr genannt: 1918 erwarb der Theaterregisseur Max Reinhardt das Gebäude und ließ es – eine architekturhistorische Großtat – von Hans Poelzig in eine expressionistische »Tropfsteinhöhle« verwandeln. Doch für anspruchsvolles Theater war das »Große Schauspielhaus« wohl ebenfalls zu groß. Jedenfalls übernahm 1924 »Revuekönig« Erik Charell den Bau und bespielte ihn mit Operetten und opulentem Revuetheater. 1928 feierten hier die Comedian Harmonists ihren Durchbruch. Charell, der eigentlich Erich Löwenburg hieß und aus Breslau stammte, ging zur Ufa, drehte den erfolgreichsten deutschen

Musikfilm, »Der Kongress tanzt«, dann vertrieben ihn die Nationalsozialisten aus seinem Heimatland. Das Haus am Schiffbauerdamm übernahm 1933 die Deutsche Arbeitsfront, man gab Operetten, Wunschkonzerte und Volkstheater. Zu den Olympischen Spielen 1936 fand im Haus die KdF-Schau (»Kraft durch Freude«) statt.

Im Zweiten Weltkrieg beschädigt, konnte der Bau – nun ohne die Poelzig'schen Stalaktiten – schon im August 1945 als »Palastvarieté« wiedereröffnen. Zu DDR-Zeiten avancierte der Friedrichstadtpalast, wie er seit 1947 hieß, zum wichtigsten Veranstaltungshaus der Halbstadt. Große Revuen und kleines Cabaret fanden hier ebenso ihren Platz wie Konzerte internationaler Stars und politische Versammlungen. »Da lacht der Bär«, »Mit dem Herzen dabei« oder »Ein Kessel Buntes« hießen die Shows, die vom Schiffbauerdamm aus in die Fernsehhaushalte der DDR übertragen wurden – sofern man dort nicht lieber einen Westsender guckte.

Erst 2014 wurde der Nachfolgebau fertiggestellt: Ein Vierflügelkomplex mit Luxuswohnungen.

Das Ende kam überraschend: Nach einer Baubegehung wurde der Palast 1980 sofort geschlossen – Grundwasserschwankungen hatten die Holzpfähle morsch werden lassen. Das Ensemble durfte noch einige Jahre im Hause proben, auftreten aber musste es im Metropoltheater, im Palast der Republik oder gar in der Staatsoper. 1984 konnte der neue Friedrichstadtpalast in der Friedrichstraße eröffnen, ein Jahr später riss man den geschichtsträchtigen Altbau ab.

Komische Oper

Wer zum ersten Mal die Komische Oper in der Behrenstraße besucht, staunt nicht schlecht, wenn er das Foyer betritt. Nach außen stellt sich das Haus als Nachkriegsbau dar, als ein mit Sandsteinplatten verkleideter, fensterloser Block, aus dem asymmetrisch ein erhöhter Mittelrisalit vorspringt: Über den drei Eingängen öffnet eine große Fensterfront den Blick ins obere Foyer, eingefasst wird sie von strukturiertem Kupferblech. Im ebenso modern-schlichten Foyer stößt man dann aber auf eine Mischung aus 1960er-Jahre-Treppe und neobarockem Dekor an den Wänden. Der Theatersaal selbst präsentiert sich schließlich in prächtigster rot-goldener Plüsch- und Stuckpracht. Was ist da passiert?

Als Theater Unter den Linden wurde das Haus 1891/92 nach Plänen des enorm produktiven Wiener Büros Fellner & Helmer erbaut. Wobei es gar »nicht als Theater im Sinne der Polizeiordnung vom 12. October 1889, sondern als Local zur Veranstaltung öffentlicher Lustbarkeiten« angemeldet war. Es sollte, wie es im Bauinventar von 1886 weiter heißt, »für Berlin etwas neues ›echt weltstädtisches‹ bieten, da in das Programm nicht bloß Theater-Aufführungen, sondern im Wechsel damit Concertmusik und Ballet und andere für die Berliner Lebewelt berechnete Schaustellungen aufgenommen waren«. Doch der Erfolg blieb aus. Umbenannt in Metropol-Theater, wurde das Haus ab 1898 dann aber zu einem der wichtigsten Operetten- und Revuetheater überhaupt. 1944 wie alle Theater in Deutschland geschlossen und zu Kriegsende schwer beschädigt, konnte der Bau schon 1947 wiedereröffnet werden, nun als Komische Oper Berlin unter Leitung des Regisseurs Walter Felsenstein. Die prächtige Fassade, die viergeschossig in die Straßenfront eingebunden war, war zwar zerstört, doch stellte man den Mittelrisalit mit seinen drei hohen Bogenfenstern über den Eingängen stark vereinfacht und mit klassizistischem statt dem ursprünglichen opulenten neobarocken Dekor wieder her. So weit, so gut.

Der 1947 mit vereinfachter Fassade in klassizistischem Stil wiedereröffnete Bau der Komischen Oper in den 1950er-Jahren.

Nachdem die (heutige) Karl-Marx-Allee errichtet und die historischen Bauten im Ostteil der Lindenallee rekonstruiert waren, nahm man Anfang der 1960er-Jahre den westlichen Teil der einstigen Prachtstraße in den Blick: Hier entstanden nun Büro- und Botschaftshäuser in moderner Formensprache aus Stahlbeton und Glas, darunter auch das Verwaltungs- und Funktionsgebäude der Komischen Oper direkt hinter dem Theater. Und da man einmal dabei war, gab man auch der Oper ein neues Gesicht. Saal und Treppenhaus blieben stehen, ringsum aber entstand ein kompletter Neubau mit Funktionsräumen, erweitertem Bühnenhaus, Seitenbühnen etc. Immerhin bezog der Architekt Kunz Nierade eine Reminiszenz an den Altbau von 1892 in die neue Fassade ein: die drei hohen Bögen hinter der Fensterfront über den Eingängen.

Die Fassade der Komischen Oper in der Behrenstraße heute.

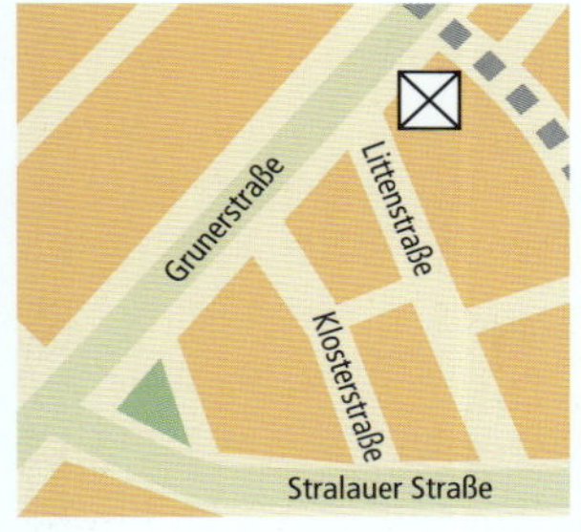

Land- und Amtsgericht Mitte

Das Land- und Amtsgericht in der Littenstraße ist ein eindrucksvoller Bau, hinter dem Hauptportal verbirgt sich das wohl schönste Treppenhaus Berlins. Bei genauerem Blick erstaunt jedoch, dass der hohe Treppenhaustrakt nicht, wie man es bei einem neobarocken Bau aus den Jahren 1896–1904 erwarten sollte, in der Mitte liegt. Das hat einen Grund, der heute kaum noch zu glauben ist: Ursprünglich lag das Portal tatsächlich in der Mitte der damals 207 Meter langen Fassade. Die eigentliche Hauptfront zeigte zur heutigen Grunerstraße, war von zwei hohen Ecktürmen gefasst und besaß auch einen Mitteltrakt, in dem sich eine nicht ganz so jugendstilig beschwingte, aber ähnlich eindrucksvolle gebäudehohe Halle mit Zwillingswendeltreppen befand. Nach den Schäden des Zweiten Weltkriegs wurde der gesamte Komplex, der im Blockinnern fünf Quertrakte und elf Höfe umfasste, in vereinfachter Form instand gesetzt und diente fortan als Sitz des Amtsgerichts Mitte und des Obersten Gerichts der DDR. Bis man Mitte der 1960er-Jahre auf die Idee kam, eine breite Schneise durch die südliche Innenstadt zu schlagen und den Straßenzug Leipziger Straße, Gertraudenstraße, Mühlendamm, Grunerstraße vierspurig auszubauen. So brach man ohne viele Skrupel 1968/69 den älteren, nördlichen Teil des Gerichtskomplexes ab, rund ein Drittel der Anlage. Als ob man zu DDR-Zeiten jemals eine so breite Straße gebraucht hätte!

Der 1968 abgerissene Bauteil des Gerichts an der Grunerstraße 1901. Unten: Verbliebener Gebäudeteil in der Littenstraße.

Schloss Brüningslinden

Waren das noch Zeiten, als sich ein Major Rüdiger von Brüning, ein »wohlhabender und kultivierter Junggeselle«, hoch über der Havel, mit Blick hinüber zur Pfaueninsel, ein regelrechtes Schlösschen mit Musiksalon, Bücherei und einem »Zimmer für die Sammlung«, mit Gästezimmern, Stallungen und einer Remise bauen lassen konnte! 1911 war das, und der Architekt Georg Siewert fand für die Aufgabe eine aparte Lösung: Er fasste das umfangreiche Raumprogramm in einem Vierflügelkomplex rings um einen offenen Hof zusammen und ersetzte eine Ecke durch einen höheren, schräggestellten Trakt, dem er zum Hof und zum Garten hin Laubengänge vorsetzte. Den Eingang platzierte er in die gegenüberliegende, ebenfalls abgeflachte Ecke, und schließlich gab er der ganzen Anlage, die bis auf den Haupttrakt aus einem Voll- und einem Mansardendachgeschoss bestand, ein neubarockes Formenkleid. Der stolze Major von Brüning taufte sein Anwesen Brüningslinden.

1951 wurde das Schloss zum Gartenlokal und diente fortan den Berlinern als beliebtes Ausflugslokal, erreichbar per Ausflugsdampfer von Wannsee und einem kurzen Spaziergang vom Hafen Kladow aus. 1972 geriet der Besitzer in Schwierigkeiten und verkaufte das Haus an eine Wohnungsbaugesellschaft, die hier im hintersten Winkel der Inselstadt eine Wohnanlage errichten wollte. Eine Bürgerinitiative schaffte es zwar, über viertausend Unterschriften zu sammeln und die Unterstützung der Presse zu gewinnen, den Abriss des originellen Gebäudes 1973 konnte sie jedoch nicht verhindern. Die kurz danach entstandene Plattenbausiedlung ist zweifellos auch originell – aber das Schloss Brüningslinden war schöner.

Das Schloss Brüningslinden in Kladow war ein beliebtes Ausflugslokal und ein ungewöhnlicher Bau, wie die Ansicht von 1955 zeigt. Dennoch musste es 1972 einer Wohnanlage weichen.

Haus Schmitz

Er entwarf die Kaiser-Wilhelm-Denkmäler an der Porta Westfalica und am Deutschen Eck in Koblenz, das Völkerschlachtdenkmal in Leipzig und das Barbarossa-Denkmal auf dem Kyffhäuser, in dessen Krypta auch seine Urne ruht. Bruno Schmitz war der bedeutendste Denkmalarchitekt der wilhelminischen Zeit. Der gebürtige Düsseldorfer, der 1885, mit 26 Jahren, nach Berlin kam, entwarf aber auch zahlreiche Wohnhäuser und Großbauten wie den Rosengarten in Mannheim, das Haus Rheingold in der Berliner Bellevuestraße und sein eigenes Wohnhaus in der Sophienstraße 11, die 1950 in Bellstraße umbenannt und 1963 »entwidmet« wurde. D.h. sie verschwand als Teil des Campus der Technischen Universität vom Stadtplan. Die letzten erhaltenen Wohnhäuser dieses vornehmen Viertels, in dem einst auch Theodor Mommsen wohnte, wurden abgerissen. Nur zwei Nachbarhäuser ließ man stehen: die Villa March, die auf dem ehemaligen Areal der Tonwarenfabrik March lag und die 1904 aufgegeben wurde, und die Villa Bell, die, da man den Ursprung des Namens wohl vergessen hat, heute »Villa BEL« heißt. Sie beherbergen Institutsräume und ein Café.

Das Haus Schmitz, zur Blütezeit des Jugendstils 1904–06 erbaut, war ein originell angelegter Bau von – inklusive Dach – vier Geschossen, der dreiteilig gegliedert war: Zur Straße hin lagen im Erdgeschoss die Küche und darüber die Wohnräume, in der Mitte des Grundstücks öffnete sich über einer Diele mit offenem Kamin ein Lichthof, und im Gartentrakt befanden sich das Esszimmer, das Kinderschlafzimmer und zwei Atelierräume des Architekten. »Für den Gebrauch nicht ohne Mängel, aber räumlich groß gedacht und eigenartig«, urteilt ein Berliner Bauinventar in schönstem Kunsthistorikerdeutsch und formuliert, was auch das Foto zeigt: »Die Straßenfront war bedeutend.« Was man von den heutigen Bauten der TU ringsherum leider nicht sagen kann.

Das Wohn- und Atelierhaus des Architekten Bruno Schmitz in einer Ansicht aus den 1920er-Jahren.

Weg mit den Altlasten!

Bauwerke im einstigen Ost-Berlin, die nach der Wiedervereinigung abgerissen wurden

Ahornblatt

Bei wenigen DDR-Gebäuden war sich die Fachwelt in ihrem Urteil so einig wie beim sogenannten Ahornblatt. Als der denkmalgeschützte, seit 1991 leerstehende Bau im Jahr 1999 von der Oberfinanzdirektion Berlin an einen Investor verkauft wurde, sickerte bald durch, dass der Vertrag dem Investor die Überbauung in hoher Geschossflächenzahl zusicherte. Und das konnte nur heißen, dass die Tage des Ahornblatts gezählt waren. Im Januar 2000 startete die Berliner Architektenkammer eine großangelegte Rettungsaktion und sammelte Hunderte von Unterschriften in Architekten- und Ingenieurkammern, Universitätsinstituten und Denkmalpflegestellen in ganz Europa. Vergebens: Der Stadtentwicklungssenator hob den Denkmalschutz auf, im Juli 2000 begann man mit dem Abriss. Heute steht an der Gertraudenstraße, Ecke Fischerinsel berlintypische Naturstein-Dutzendware.

Das Ahornblatt entstand 1971–73 als Selbstbedienungsgaststätte für die Mitarbeiter der umliegenden Behörden und Ministerien. Unter dem fünffach aufge-

Die Ansicht von 1984, von Westen über die Leipziger Straße hinweg, macht deutlich, warum der Bau Ahornblatt genannt wurde. Seit 1991 ungenutzt, wurde die einstige Gaststätte 2000 abgerissen.

falteten Dach und hinter einer vollständig verglasten Außenfassade standen 880 Sitzplätze zur Verfügung. Diese Zahl war offensichtlich zu groß, als dass die Gaststätte rentabel hätte geführt werden können: Nach der Schließung 1991 fand sich kein neuer Betreiber.

Auch wenn offiziell vier Architekten genannt werden, war der Bau doch das Werk vor allem eines Mannes: des Rügeners Ulrich Müther (1934–2007), der mit seinen leichten Flächentragwerken weltweit Anerkennung gefunden und auch im westlichen Ausland gebaut hat, darunter die Planetarien in Wolfsburg, Helsinki und Kuweit. Auch das Carl-Zeiss-Planetarium an der Prenzlauer Allee stammt von ihm. Das Ahornblatt war aus hyperbolischen Paraboloiden (in Form von Hyperbeln gekrümmte Flächen) konstruiert, den Kern der Betonschalen bildeten gebogene Stahlmatten. Tröstlich ist immerhin, dass Müthers Bau in Berlin rasch einen Nachfolger fand: das Tempodrom am Anhalter Bahnhof.

Hotel Unter den Linden

»Eine der letzten großen Baulücken in der City-Ost wird geschlossen«, konnte man am 21. Juli 2006 in einer großen Berliner Zeitung lesen. Nur en passant erfuhr der Leser einige Zeilen tiefer, dass besagte Baulücke gerade erst entstanden war. Im März 2006 hatte der Abriss des Hotels Unter den Linden begonnen, im Juli bereits erfolgte der Spatenstich für den Neubau. Stolz verwies der Bauherr darauf, dass endlich der historische Stadtgrundriss wiederhergestellt werde an Berlins prominentester Kreuzung. Leider, muss man in diesem Falle sagen, denn der nun verschwundene Platz hatte dem Auge gutgetan angesichts der riesigen Baublöcke der unmittelbaren Nachbarschaft. Auch wenn man sich an die eigentlich völlig überdimensionierten Bauten längs der Friedrichstraße inzwischen gewöhnt hat.

Mit dem neuen Geschäfts-, Büro- und Wohnhaus endete die lange Tradition der Gastronomie an diesem Ort: 1859 eröffnete hier das Hotel Victoria, das im Februar 1945 im Bombenhagel unterging. Seit 1966 konnten Berlin-Gäste im Interhotel Unter den Linden logieren,

Ost-Moderne wie aus dem Bilderbuch: Das Hotel Unter den Linden mit dem ebenfalls verschwundenen Vorplatz (Foto: 1984).

einem beispielhaften Bau der DDR-Moderne, entworfen von den Architekten Heinz Scharlipp und Günter Boy. Obwohl nach dem Mauerfall immer wieder vom Abriss die Rede war, hatte man die von horizontalen Wandstreifen und zartblauer Farbigkeit geprägte Fassade des langgestreckten Gebäudes in den 1990ern noch einmal auf Vordermann gebracht – wobei die großen Buchstabenwürfel mit dem Ratschlag »Ins Theater« auf dem Dach leider verschwanden. 340 Ein- und Zweibettzimmer warteten vor der friedlichen Revolution auf die Freunde der Republik, »die naturgemäß unserer Hauptstadt oft gern ihre Aufwartung machen wollen«, so ein Stadtführer aus DDR-Zeiten. Nach der friedlichen Revolution kamen vor allem Freunde günstiger Preise, denn so erschwinglich wie hier konnte man nirgends sonst unterkommen im Stadtzentrum.

Palasthotel

Wie schnell sich die Zeiten ändern: Noch 1989 wurde staatsoffiziell und voller Stolz das Palasthotel als »exquisit« bezeichnet – nach der friedlichen Revolution galt der Riesenbau in bester Zentrumslage plötzlich als unrentable Altlast. Erst 1979 als Fünf-Sterne-Stolz der staatseigenen Interhotel-Kette mit großem Pomp eröffnet, verschwand die Tausend-Betten-Burg 2001 aus dem Stadtbild. An ihrer Stelle entstanden das DomAquarée mit dem Hotel SAS-Radisson sowie Büro- und Wohnhäusern.

Das Palasthotel war seit 1979 die renommierteste Herberge in Ost-Berlin. Hier der Blick 1988 über die Karl-Liebknecht-Straße und die Spreebrücke hinweg. Vis-à-vis stand der Palast der Republik.

Das wagemutig vorkragende Café-Achteck des Palasthotels vor der Kulisse des Doms 1985. Rechts: 2001 fiel das Hotel, obwohl nach Ende der DDR umfassend renoviert, dem Abrissbagger zum Opfer.

Was das Palasthotel zu etwas Besonderem machte, waren weniger die architektonischen Qualitäten als vielmehr die Legenden und Geschichten, die sich um dieses erste Haus am Platze rankten. Wenngleich: Sein äußeres Erscheinungsbild war durchaus markant. Allein die Größe beeindruckte. Der Komplex erstreckte sich L-förmig von der Spandauer Straße bis zur Friedrichsbrücke, wobei die abgestumpfte Ecke schräg gegenüber dem Palast der Republik, von dem das Haus seinen Namen bezog, durch ein zusätzliches Obergeschoss und ein vorspringendes Café-Achteck betont war. Über einem Flachbau mit vorkragendem Obergeschoss, der die Straßenflucht markierte, erhoben sich, zurückgesetzt und mehrfach gegliedert, ein Zwischengeschoss und fünf bis sechs weitere Vollgeschosse mit insgesamt fast sechshundert Hotelzimmern. Die langen, einheitlichen Fassaden des Stahlbetonbaus zeigten ein bewegtes Relief: Einerseits ergab der Wechsel zwischen sandsteinverkleideten Brüstungen und dunklen, wabenartig geformten Thermofenstern eine horizontale Bänderung, andererseits prägten tiefe Einkerbungen zwischen den Fensterachsen das Bild. So konnte sich das Hotel durchaus gegenüber den wuchtigen Bauten der Umgebung, dem Palast der Republik, dem Dom, dem Roten Rathaus jenseits des Marx-Engels-Forums und den großen Wohnblöcken an der Karl-Liebknecht-Straße, behaupten.

Erbaut wurde das Palasthotel 1976–79 nach Plänen von Ferenc Kiss (mit Jerzy Karon und Walter Bauer), 1992–94 wurde es umfassend renoviert. Neben Fünf-Sterne-Hotelzimmern barg das Haus 26 Suiten, zwölf Bankett- und Konferenzräume – der größte war für 760 Personen ausgelegt –, ein Schwimmbad sowie zwölf gastronomische Bereiche mit insgesamt zweitausend Plätzen. In der zweigeschossigen Tiefgarage fanden 250 Autos Platz.

Ein Jahrzehnt lang wehte hier ein Hauch der großen weiten Welt. Das Palasthotel war eines jener Häuser, die vor allem Devisen erwirtschaften sollten. Ein Großteil der Gäste waren Geschäftsleute aus dem westlichen Ausland, und entsprechend tummelten sich in der Lobby und den Bars die Mitarbeiter der Stasi und die Kolleginnen des horizontalen Gewerbes. Der berüchtigte Alexander Schalck-Golodkowski soll in den Cafés und Bars des Hauses zahlreiche devisenbringende Geschäfte angebahnt und abgeschlossen haben. Aber auch Politiker wie Breschnew und Mitterrand

Aus eins mach zwei: Wo das Palasthotel stand, erheben sich heute zwei wuchtige, wenig markante Baublöcke.

nächtigten hier – und ebenso die auswärtigen Showstars, die vis-à-vis im Palast der Republik gastierten. Einer der größten Freunde des Palasthotels war Günter Gaus, der bei Ost-Berlin-Besuchen nach seiner Zeit als Ständiger Vertreter der Bundesrepublik in der DDR grundsätzlich hier sein Quartier bezog. DDR-Bürger musste man auf den Gästelisten mit der Lupe suchen, und auch die meisten gastronomischen Einrichtungen standen den Ost-Berliner Passanten zwar prinzipiell offen, doch war das Platzangebot gering. Wer einen Platz ergattert hatte, musste natürlich gleich ankündigen, dass er in DDR-Mark und nicht mit West-Geld zahlen wolle. Besonders beliebt war ob seiner Exotik das Restaurant Jade, das mit »Besonderheiten der fernöstlichen Küche« aufwartete. Heute wird mit ganz anderen Attraktionen gelockt: Im Innenhof des SAS-Radisson-Hotels fährt man per Fahrstuhl durch das größte Aquarium der Welt.

DDR-Außenministerium

»Bekanntlich ist das künftige Gebäude des Außenministeriums sowohl vom ideologischen Inhalt wie von der städtebaulichen Konzeption her zum zweitbedeutendsten Bauwerk der Hauptstadt der DDR bestimmt. In diesem Sinne wurde die Architektur modern, entsprechend dem technischen Weltstand staatsrepräsentativ, unverwechselbar, in seinen Maßstäben der Aufgabe und den städtebaulichen Gegebenheiten angemessen konzipiert.« So der Architekt Josef Kaiser.

Bis in die 1970er-Jahre hinein plagte die DDR-Führung die Frage, wie sie das Zentrum ihrer Hauptstadt neu gestalten sollte. Eine Konstante stand früh fest: Der Marx-Engels-Platz, ganz oder zu Teilen auf dem Standort des gesprengten Schlosses, war als Zentrum der Stadt und des Regierungsviertels vorgesehen. 1959 entschied man, auf der westlichen Platzseite, noch hinter dem Kupfergraben, das neue Außenministerium zu errichten. Nachdem die Schinkel'sche Bauakademie und noch zwei weitere Altbauten beseitigt worden waren, entstand 1965–67 der neue Dienstsitz des Ministeriums für Auswärtige Angelegenheiten (MfAA), das bis dahin auf drei Standorte verteilt war – der Minister residierte in der ehemaligen Tierärztlichen Hochschule in der Luisenstraße.

Als Platzwand gedacht, wurde dem Haus eine stattliche Größe verliehen: Es war 145 Meter lang, 44 Meter hoch und, damit die Proportionen stimmten, 22 Meter tief. Das war zu viel für die übliche Anlage eines Bürohauses mit Mittelgang, und so richtete man die Normalgeschosse mit zwei Längsfluren ein. Zwischen ihnen platzierte man vier Treppen und acht Personenaufzüge, die Sanitärräume sowie fensterlose Besprechungs- und Schulungsräume. Auch der Aufriss war ungewöhnlich: Über dem 6 Meter hohen Erdgeschoss befand sich ein 3 Meter hohes, fensterloses Zwischengeschoss, in dem die Mitarbeiter der Druckerei, der Materialausgabe und des technischen Dienstes ein trauriges Kunstlicht-Dasein fristeten. Darüber folgte die 4,80 Meter hohe Ministeretage, die nur einen Korridor besaß – die Büros und Säle waren entsprechend größer und sämtlich von Tageslicht erfüllt. Darüber stapelten sich sieben Bürogeschosse und ein niedriges Drempelgeschoss unter dem leicht W-förmigen Dach.

Konstruiert wurde der Stahlbetonskelettbau mit einem Achsraster (Abstand zwischen den einzelnen Achsen der Fenster oder Träger) von 7,20 Meter, wodurch sich eine flexible Raumgestaltung im Innern ergab. Das Haus erhielt eine Fassade aus Leichtmetall und Glas. Um »dem Gebäude Ruhe und Monumentalität zu verleihen« (Kaiser), wurden ihm Lisenen (vertikale Mauerstreifen zur Gliederung der Außenwand, hier aus Aluminiumblech) im Abstand von 1,80 Meter vorgehängt. Einziges Gegengewicht zu dieser Vertikalbetonung waren die beiden Fassadenstreifen aus diamantförmigen Elementen, die die Ministeretage rahmten.

Der südliche Teil des Gebäudes, 6 der 21 Achsen, wurde provisorisch, dann dauerhaft dem Staatssekretariat, später Ministerium für Hoch- und Fachhochschulwesen, übertragen. Im Innern zog man eine Trennwand ein, die auch im Außenbau

Der Riegel des Ministeriums für Auswärtige Angelegenheiten hinter Schinkels Schlossbrücke. Er bildete die westliche Einfassung des Marx-Engels-Platzes und lag gegenüber vom Palast der Republik.

kenntlich gemacht wurde. Beide Nutzer verstanden sich nicht gut. So wurde etwa der Antrag des Staatssekretariats auf Mitnutzung der Außenministeriumskantine im obersten Geschoss abgelehnt – die Bildungsbeamten mussten weiterhin aufs warme Mittagessen verzichten! Ohne den »Untermieter« wären die Arbeitsbedingungen ideal gewesen, so aber mussten sich oft drei oder vier Mitarbeiter ein 17,60 Quadratmeter großes Büro teilen.

Das Außenministerium als Kulisse einer Feier zum XI. Parteitag der SED 1986.

In der Hauptfront lagen drei Eingänge: Den südlichen nutzten die Hochschulbeamten, den nördlichen die MfAA-Mitarbeiter. Der Haupteingang mit dem 23 Meter langen Vordach war der Ministeretage und offiziellen Gästen vorbehalten. Von ihm lief man direkt auf den allein stehenden »Repräsentativaufzug« zu, der nur bis in die Ministeretage hinauffuhr. Dort befand sich über dem Haupteingang der große Sitzungssaal mit Blick auf den Marx-Engels-Platz. Der Minister verfügte über zehn Räume inklusive Sekretariaten, Ruheraum und Badezimmer. Eines der Staatssekretärbüros umfasste sieben Räume, der zweite Staatssekretär musste sich wie die fünf stellvertretenden Minister mit drei Räumen begnügen.

Heute ohne Außenministerium: Rechts die wiederaufgebaute Stadtkommandantur, in der Mitte die simulierte Bauakademie.

Die repräsentativen Räume auf dieser Etage waren ebenso wie der Konferenzsaal – ein gläserner Anbau im Garten – mit Arbeiten von DDR-Künstlern wie Walter Womacka und Klaus Wittkugel geschmückt. Der Gartenbereich hinter dem Gebäude war eingezäunt und blieb auch den Mitarbeitern versperrt. Aus Geldmangel wurde die Tiefgarage für nur zwölf Stellplätze ausgelegt. Weiteren Parkplätzen mussten die letzten erhaltenen Altbauten zur Friedrichwerderschen Kirche hin weichen.

Obwohl sich das Gebäude in gutem Zustand befand, herrschte nach der friedlichen Revolution Einigkeit über einen baldigen Abriss. Eines der wichtigsten Argumente war der gewünschte Wiederaufbau der Bauakademie. Der Bau, modern und zweckmäßig, aber weder repräsentativ noch charakteristisch, hatte im Laufe seiner zweieinhalb Jahrzehnte keine Symbolkraft, weder negativ noch positiv, entwickelt. Mit dem Abriss waren keine großen Emotionen verbunden – dafür aber eine Menge Hoffnungen für die städtebauliche Zukunft dieses zentralen Platzes.

Stadion der Weltjugend

1992 träumte das frisch wiedervereinigte Berlin noch davon, die Olympischen Spiele 2000 ausrichten zu dürfen – als Symbol dafür, dass die Spaltung der Welt in zwei feindliche Lager überwunden sei. Vorsorglich begann man schon einmal mit dem Bau von olympiatauglichen Hallen: Das Velodrom, die Schwimmhalle und die Max-Schmeling-Halle wären ohne die olympischen Pläne nicht gebaut worden. Als Bauplatz einer weiteren Halle hatte man ein Areal an der Chausseestraße im Norden des Bezirks Mitte ausersehen, und frohgemut schritt man ein Jahr vor der Entscheidung des IOC zur Tat und machte das Stadion der Weltjugend dem Erdboden gleich. Doch die Wahl fiel auf Sydney. Noch jahrelang konnte man an der Chausseestraße »Volxgolf« und Beachvolleyball spielen, heute erhebt sich hier die 2006–16 errichtete Zentrale des Bundesnachrichtendienstes (BND).

Das Stadion der Weltjugend war eine großzügige Anlage, die der Bauhausschüler Selman Selmanagic und der Gartenarchitekt Reinhold Lingner 1950 in »Erdbauweise« entworfen hatten. Viele Sportstätten Berlins waren kriegszerstört, man brauchte Anlagen für den Breiten- wie für den Leistungssport – die man dann natürlich auch für andere Massenveranstaltungen nutzen konnte. Und so beschloss die Regierung der DDR 1951 den Bau von vier »Sportjugendbauten«, von denen drei tatsäch-

Bei den X. Weltfestspielen der Jugend und Studenten im Jahr 1973 erstrahlte die Schrift am Eingang in frischem Glanz: Das Walter-Ulbricht-Stadion war in Stadion der Weltjugend umbenannt worden.

Der einzig markante Bauteil war der in moderner Sachlichkeit errichtete Kampfrichterturm auf der Nordseite. Rechts: Gute Stimmung mit DDR-Sportikone Kati Witt beim Pfingsttreffen der FDJ 1989.

lich gebaut wurden: der Friedrich-Ludwig-Jahn-Sportpark in Prenzlauer Berg, das Sportforum Hohenschönhausen und das Walter-Ulbricht-Stadion, das 1972, ein Jahr nach der Entmachtung des SED-Parteichefs, in Stadion der Weltjugend umbenannt wurde. (Eine weitere Demütigung für den 79-jährigen Ulbricht, der immer noch Vorsitzender des Staatsrates, des kollektiven Staatsoberhaupts der DDR, war.)

Die Anlage, die 1951 bei den »III. Weltfestspielen der Jugend und Studenten für den Frieden« ihre Feuertaufe bestand, war beeindruckend groß. Die Arena war für Auftritte von zwanzigtausend Menschen ausgelegt, die Tribünen fassten siebzigtausend Zuschauer. Sie stiegen in zwei Stufen an und waren aus Trümmerschutt errichtet, ihre Böschungen mit Rasen begrünt, die Mauerzüge aus Naturstein gearbeitet. Bei schlechtem Wetter standen die Zuschauer buchstäblich im Regen. Einzig die Musiker, deren Platz sich oberhalb der Ehrentribüne im Zentrum der südlichen Längsseite befand, waren durch ein hyperbelförmiges Dach geschützt. Erst zu den X. Weltjugendspielen 1973 erhielt auch die Ehrentribüne ein Schutzdach.

Seit 2006 ist hier ein Hochsicherheitskomplex für 4000 Geheimdienstler entstanden: Die Zentrale des Bundesnachrichtendienstes.

Das Wahrzeichen des Stadions war der Zeitnehmerturm, ein zweigeschossiger verputzter Bau, dessen schlichte Form – Flachdach, Fensterbänder, Betonung der Horizontalen – an die Neue Sachlichkeit der 1920er-Jahre erinnerte. Nördlich des Stadions selbst blieb auf dem 13500 Quadratmeter großen Areal genügend

Platz für ein Clubhaus mit Caféterrasse, einen großen Sammelplatz, Übungsplätze und einen Turnier-Tennisplatz.

Sein finales sportliches Großereignis erlebte das Stadion mit dem letzten Endspiel des FDGB-Pokals, das stets hier ausgetragen wurde: Am 2. Juni 1991 besiegte der FC Hansa Rostock den Eisenhüttenstädter FC Stahl mit 1:0.

Centrum-Warenhaus

Falls Josef Kaiser aus dem Himmel herabschauen kann, wird er sich vermutlich fragen, welches seiner Berliner Gebäude als Nächstes abgerissen wird. Mit dem ehemaligen Centrum-Warenhaus am Alexanderplatz ist bereits der dritte Großbau eines der bedeutendsten DDR-Architekten aus dem Berliner Stadtbild verschwunden. Der 1910 in der Steiermark geborene und in Karlsbad aufgewachsene Kaiser war ein interessanter Mann. Er studierte Architektur in Prag, arbeitete ab 1938 im Berliner Wohnungsbau und ließ sich nach dem Krieg an der Dresdner Musikhochschule zum Opernsänger ausbilden. 1952 wurde er Chefarchitekt in Stalinstadt (Eisenhüttenstadt), seit 1956 arbeitete er im Stadtplanungsamt von Berlin (Ost), baute aber zugleich einige Wohnhäuser in Berlin (West), Essen und Mannheim. Seit 1958 entstanden unter seiner Leitung die Wohnhäuser zwischen Alexanderplatz und Strausberger Platz, aber auch das Hotel Berolina – 1995 abgerissen und vom Rathaus Mitte ersetzt –, das Kino International, das Café Moskau und etwas weiter östlich das Kosmos-Kino. Ab 1964 baute er das Außenministerium der DDR, das 1995 abgerissen wurde, und ab 1967 das Centrum-Warenhaus. 1969 wurde Kaiser, der sich nie der SED andiente und deshalb zu keinen besonderen Ehren und Posten kam, Professor in Weimar und Berater des obersten Ost-Berliner Stadtarchitekten Ehrhardt Gißke, wodurch er weiterhin beträchtlichen Einfluss auf das Berliner Baugeschehen hatte. Er starb 1991.

Das Centrum-Warenhaus mit dem Brunnen der Völkerfreundschaft 1984. Da war der Bau noch das größte Kaufhaus der DDR.

Bei der Umgestaltung des Alex zum Haupteinkaufszentrum der DDR-Metropole entstand im Zentrum des mächtig erweiterten und seitdem amorph zerfließenden Alexanderplatzes ein »dynamisches Ensemble« aus Hoch- und Flachbauten. Im Schatten des 123 Meter hohen Hotels »Stadt Berlin«, etwa am Ort des kriegszerstörten Kaufhauses Hermann Tietz, entwarf Kaiser das größte Kaufhaus des Landes, das auf sechs Geschossen und 15 000 Quadratmetern Verkaufsfläche seine Waren feilbot. Und die waren bei der Eröffnung am 25. November 1970 zahlreich: Zwei Monate lang hatten Verkäuferinnen mit Unterstützung von NVA-Soldaten die Regale eingeräumt – mit Waren, die zum nicht geringen Teil aus anderen HO-Warenhäusern abgezogen worden waren. Und das blieb auch in den folgenden Jahren so: Fehlte der Nachschub, so bediente man sich kurzerhand in anderen Filialen. Mochte man in der Provinz auch fluchen – hier, im Zentrum des Staates, durfte sich die DDR-Planwirtschaft nicht mehr Blößen geben, als unvermeidlich waren.

Die markante Aluminiumfassade (Foto: 1985) verschwand beim jüngsten Umbau vollständig.

Die Architektur des Centrum-Warenhauses spiegelte den internationalen Anspruch der DDR wider. Man zeigte sich auf der Höhe der Zeit und brauchte sich hinter der Konkurrenz westlich der Mauer nicht zu verstecken. Die Idee, das Kaufhaus hinter einer die Geschosse verbergenden Einheitsfassade zu verstecken, hatte im westdeutschen Wirtschaftswunder der 1950er-Jahren Egon Eiermann zum Erfolg geführt – sie wurde zum Markenzeichen des Horten-Konzerns und zum Synonym für das moderne Kaufhaus überhaupt. Hier knüpfte die Centrum-Fassade an, doch fand Kaiser eine durchaus eigenständige Lösung mit seinem weißen Wabensystem aus Aluminium. In dem 1,20 Meter breiten Raum zwischen Fassade und Baukörper verliefen die Gänge zu den Nottreppen.

Der Nachfolger Galeria Kaufhof ist größer. Den Kern aber bildet noch das Centrum-Warenhaus.

Nach der friedlichen Revolution, als »Galeria Kaufhof« im Innern bereits gründlich umgebaut, wurde der Bau 2004–06 noch einmal beträchtlich erweitert und erhielt eine ganz neue

Fassade. Leider verlor man die Idee, zumindest kleine Teile der alten Fassade zu erhalten, im Zuge der Bauarbeiten aus den Augen. Berlins einzige Aluminium-Wabenfassade wurde komplett durch Naturstein-Dutzendware – nichts Schlechtes, aber auch nichts Besonderes – ersetzt. Das Kaufhaus wuchs um 25 Meter in Richtung Alex und um ein sechstes Geschoss nach oben – mit 30 000 Quadratmeter Verkaufsfläche ist es heute doppelt so groß wie das bis 1990 größte Warenhaus der DDR.

Werner-Seelenbinder-Halle

Immerhin, einen Werner-Seelenbinder-Sportpark gibt es wieder in Berlin: Seit dem 24. Oktober 2004, dem sechzigsten Todestag des kommunistischen Widerstandskämpfers, trägt das Stadion Neukölln den Namen des 1904 geborenen Ringers, der seine Teilnahmen an internationalen Wettbewerben dazu nutzte, im Ausland über die Zustände im NS-Staat zu berichten und Informations- und Propagandamaterial nach Deutschland zu schmuggeln. Der sechsfache Deutsche Meister, zweifache Dritte bei Europameisterschaften und Teilnehmer der Olympischen Spiele 1936 wurde 1942 verhaftet und zwei Jahre später

Die Werner-Seelenbinder-Halle war einer der wichtigsten Veranstaltungsorte in Ost-Berlin für Sport, Konzerte und Shows. Eines der letzten Highlights war eine Eisshow mit Kati Witt im Mai 1989.

im Zuchthaus Brandenburg/Havel hingerichtet. Seine Urne ist auf dem Gelände des Sportparks in seinem Heimatbezirk Neukölln beigesetzt.

In der DDR stand Seelenbinder in hohen Ehren, man benannte Sporthallen, Schulen – u.a. in Hohenschönhausen – und Straßen nach ihm. Die 1950 zum ersten Deutschlandtreffen der Jugend eröffnete Mehrzweckhalle am Ostrand von Prenzlauer Berg avancierte zu einer der wichtigsten Sportstätten der Republik. 1993 wurde die architektonisch eher anspruchslose Halle abgerissen, an ihrer Stelle entstanden das Velodrom und die Schwimmhalle, beide ursprünglich für die Olympischen Sommerspiele 2000 gedacht, um die Berlin sich vergeblich bewarb.

Die Werner-Seelenbinder-Halle hatte etwas Potemkin'sches an sich, wenn man sich ihr von der Hauptseite näherte: Hinter der flachen Giebelfront mit ihrer charakteristischen vertikalen Rippen-Struktur und dem ausladenden Baldachin über den Eingängen verbarg sich ein geduckter, gestaffelter Baukörper, hinter dessen Wänden man eher Gewerbetreibende als Sportler vermutet hätte. Und tatsächlich hatte man 1950 eine ältere Großmarkthalle des Zentralen Vieh- und Schlachthofes zur Sporthalle umgebaut. Das Innere erhielt in den 1960er-Jahren durch den

Potemkin lässt grüßen: Guckte man hinter den Giebel, machte die Werner-Seelenbinder-Halle nicht mehr so viel her. Rechts: Blick in die Halle im Jahr 1981. Die Innenausstattung stammte aus den 60er-Jahren.

renommierten Architekten Josef Kaiser eine wesentlich ansprechendere Gestalt. 4500 Zuschauer fasste die Halle.

Genutzt wurde sie ganz unterschiedlich: Hier trainierten und duellierten sich unter anderem Turner und Handballer, Boxer und Ringer. 30 Zentimeter unter dem Sportboden war eine Kälteschicht eingebaut, mit der sich im Nu eine 30 mal 60 Meter große Eisfläche zaubern ließ. Auf ihr wurde – vor allem in den 1950er-Jahren – Eishockey gespielt, fanden Meisterschaften der Kurzbahn-Eisschnellläufer statt, wurden Eiskunstlauf-Turniere und -Revuen ausgetragen. Vor allem aber wurde in der Halle regelmäßig eine 171 Meter lange Radrennbahn installiert – nicht nur für die Sechstagerennen, von denen es nach der Teilung der Stadt eine Ost- und eine West-Variante gab. Bei den sogenannten Winterbahnrennen in der Halle mussten auf Anordnung der zentralen Sportverwaltung alle Radsportweltmeister und Olympiasieger der Republik an den Start gehen; einen Monat lang duellierten sich die Zweirad-Stars, die Ränge waren jeden Abend bis auf den letzten Platz gefüllt. Erster Sieger überhaupt auf der Rennbahn der Seelenbinder-Halle war übrigens 1950 ein Jugendfahrer mit Namen Detlef Zabel, der Vater des späteren Sprint-Asses Erik Zabel.

Auch als Konzertort wurde die Werner-Seelenbinder-Halle regelmäßig genutzt, etwa für das seit 1970 alljährlich im Februar stattfindende Festival des politischen Liedes. Zu den legendären Konzerten der DDR-Rockgeschichte gehören die Auftritte Rio Reisers und der Band Depeche Mode 1988 in der Seelenbinder-Halle. Und aus den Annalen der zahlreichen Parteitage, Kongresse und Parlamente von SED, FDGB und FDJ, die hier stattfanden, ragt der VIII. Parteitag vom Juni 1971 heraus: Walter Ulbricht wurde als Erster Sekretär des ZK der SED verabschiedet und Erich Honecker zum Nachfolger »gewählt«. Im Oktober 1991 trafen sich hier noch die Berliner Katholiken zum ersten Tag des Bistums Berlin nach der Wiedervereinigung. Kurz darauf wurde die Halle geschlossen.

Die Nachfolger sind in die Erde eingelassen: Velodrom (unten) und Schwimmhalle.

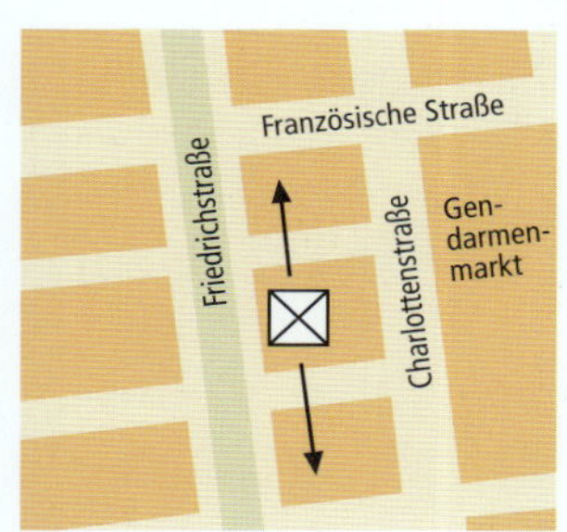

Friedrichstadtpassage

Nach 1945 lag die Friedrichstraße, vor dem Krieg die repräsentative Vergnügungsmeile der deutschen Hauptstadt, im Abseits. Verstümmelt zu beiden Seiten, ohne Durchgangsverkehr und weit entfernt vom neuen Zentrum Ost-Berlins, dem Alexanderplatz, tat sich hier städtebaulich gar nichts.

Zwar lockten nördlich des Bahnhofs Friedrichstraße der Friedrichstadtpalast, das Berliner Ensemble und das Deutsche Theater kultur- oder unterhaltungsfreudige Hauptstadtbürger, doch südlich des Boulevards Unter den Linden schlief die einstige Friedrichstadt einen ungestörten Dornröschenschlaf – allein die großen alten Bank- und Versicherungsbauten wurden von Ministerien und anderen Behörden genutzt. Dabei hatte die DDR-Führung die Friedrichstraße schon früh zu einer »Hauptkaufstraße« machen wollen. Noch 1957 blendete man dem Haus Mohrenstraße 20/21, eine ganze Häuserbreite von der Friedrichstraße entfernt, eine seitliche Fassade vor, in deren Stein bis heute zu lesen ist: Friedrichstraße 65. Die Straße sollte 66 Meter breit werden – der neue sozialistische Mensch

Der begonnene Umbau der Friedrichstraße geriet ins Stocken. Die Friedrichstadtpassage wurde 1992, noch im Rohbau, abgerissen.

brauchte Luft und Platz. Doch die Ressourcen waren knapp, und so kam der Tag, an dem man entschied, sich auf den Wohnungsbau im Zentrum, den Alexanderplatz und den zentralen Platz auf der Spreeinsel zu konzentrieren.

Erst Mitte der 1970er-Jahre geriet die Friedrichstadt wieder ins Blickfeld. 1976 beschloss die Parteiführung den Wiederaufbau des schwer kriegsbeschädigten Gendarmenmarkts, damals Platz der Akademie genannt, mit dem Schauspielhaus und den beiden Dombauten. Und an der Friedrichstraße sollten 3300 Wohnungen, dazu Gaststätten und Cafés, Hotels und vor allem Einkaufsmöglichkeiten entstehen. »Die Friedrichstraße soll die attraktivste Geschäftsstraße der Hauptstadt werden, und es wird eine Freude sein, auf ihr zu bummeln«, wies Staats- und Parteichef Erich Honecker 1984 den Weg. Ein Jahr später verkündete er den Teilnehmern der Berliner SED-Bezirksdelegiertenkonferenz: »Die Arbeiten haben schon begonnen. Gemeinsam mit Bauleuten aus anderen Bezirken wird vieles bis 1990 fertiggestellt.« Es kam, wie bekannt, anders.

Heute bilden drei separate Baublöcke, unterirdisch verbunden, die Friedrichstadtpassage.

Auf der Ostseite der Friedrichstraße, zwischen Französischer Straße und Mohrenstraße, sollte über drei Straßenblöcke hinweg ein großes Einkaufszentrum entstehen, das Schmuckstück der Centrum-Warenhäuser. 1987 begannen die Erdarbeiten, doch dann stockte der Bau. Die Ost-Berliner Verkehrsbetriebe, BVB, kamen nämlich auf die Idee, die Trasse der U6, die unter der Friedrichstraße verlief, in ihr Netz einzugliedern. Das war zwar politisch nicht so leicht durchzusetzen – schließlich brausten unter der Friedrichstraße die West-U-Bahnen zwischen Kreuzberg und Wedding hin und her, mit nur einem Halt am Bahnhof Friedrichstraße und auf jedem Geisterbahnhof von argwöhnischen Grenzsoldaten mit Maschinengewehr vor der Brust beobachtet. Aber man begann zumindest, einen Verbindungstunnel von der heutigen U2 zur U6 zu bauen – ohne allerdings den letzten Durchbruch zu wagen.

Im Nachhinein ist man immer klüger. Wertvolle Zeit war verstrichen, als endlich mit der Fundamentierung der neuen Passage begonnen wurde. Als der Bau 1990 stillgelegt wurde, war das Projekt erst zu 60 Prozent realisiert. Hinter Bauzäunen erhoben sich fünfgeschossige Fassaden in zeittypischer Plattenbau-Ornamentik, wie man sie vom Friedrichstadtpalast und den Wohnhäusern am Gendarmenmarkt kennt: postmodern-exotisch, nicht unsympathisch, aber doch steril. Die Jäger- und die Taubenstraße, damals noch Otto-Nuschke- und Johannes-Dieckmann-Straße, waren überbaut, die historische Bauflucht der Friedrichstraße beträchtlich nach hinten gerückt. Zwei Jahre war den Bauruinen noch vergönnt, dann machte die neue Zeit dem letzten DDR-Prestigeprojekt den Garaus: 1992 wurde das Areal komplett abgeräumt. An seiner Stelle stehen heute drei riesige Baublöcke mit einer Einkaufspassage im Keller. Dass man diese von der Straße aus weder sichtbare noch direkt zugängliche Einkaufsmeile überhaupt Passage nennt, spricht der großen Tradition der europäischen Einkaufspassagen Hohn.

Palast der Republik

Der Palast der Republik hat eine erstaunliche Geschichte: Im August 1973 beginnen die Bauarbeiten, und nach nicht einmal tausend Tagen, am 23. April 1976, wird der Bau, zugleich Sitz der Volkskammer und offenes Haus für das Volk, eingeweiht. 14 Jahre später, im September 1990, wird er wegen Asbestverseuchung geschlossen – mit der Absicht, ihn zu sanieren und wieder zu öffnen. Erst 1998 beginnt die Asbestsanierung, und sie dauert so lange wie die gesamte Errichtung des Hauses. Das Gebäude wird komplett ausgeweidet, und als nur noch Stahlskelett und Außenhaut stehen, beschließt der Bundestag am 13. November 2003, auch diesen Rohbau zu entsorgen. Nach einer »kulturellen Zwischennutzung« – mit über neunhundert Veranstaltungen von der Ausstellung chinesischer Terrakotta-Repliken bis zu Theater und Konzert – beginnt im Februar 2006 der »Rückbau«, ohne dass die Finanzierung eines Neubaus

Der Palast (Foto: 1983) präsentierte sich nach außen hin sachlich. Unter dem höheren Dachaufbau befand sich der Veranstaltungssaal.

gesichert ist. Hauptsache, der Palast ist weg! Im Dezember 2008 verlässt schließlich das letzte Bauteil den alten Standort, 2013 legt Bundespräsident Joachim Gauck den Grundstein für den Wiederaufbau des Schlosses.

Einen wahrlich merkwürdigen Lebenslauf hatte dieser Palast der Republik, der erst nach langen Geburtswehen auf die Welt gekommen war, dann aber rasch die Herzen der Ost-Berliner eroberte und für eine kurze Zeit deutsche und sogar Weltgeschichte schrieb: Hier fasste, am 22. August 1990, die erste und einzige frei gewählte Volkskammer der DDR den Beschluss zum Beitritt zur Bundesrepublik Deutschland (zum 3. Oktober 1990) – ein Beschluss, mit dem die jahrzehntelange Teilung der Welt in zwei feindliche Blöcke endgültig aufgehoben wurde.

Die Rückfront des Palasts erhob sich direkt über dem Spreeufer (Foto: 1987).

Dass über den Palast der Republik so lange und heftig gestritten wurde wie über kein anderes Gebäude, hatte wenig mit der Qualität seiner Architektur zu tun. Der Palast galt als das Symbol der DDR. Für die einen, überwiegend Bürger westlicher Provenienz, hatte er damit bereits sein Existenzrecht verspielt: Hier hatte sich ein Unrechtsstaat architektonisch zu verewigen versucht, hier hatte sein Pseudoparlament getagt. Für die anderen, überwiegend Menschen mit Ost-Biografie, war der Palast in erster Linie ein Haus des Volkes gewesen, das jedem Besucher offen stand und in dem immer etwas los war. Für viele Ost-Berliner sind mit dem Palast gute Erinnerungen verbunden: an fröhliche Stunden in der Diskothek, der Bowlingbahn oder im Konzert – oder auch an die Umwälzungen und den demokratischen Neubeginn 1989/90, der sich im Plenarsaal der Volkskammer abspielte. In Umfragen sprachen sich regelmäßig über 70 Prozent der Berliner für den Erhalt des Palastes aus. Doch die Politiker entschieden anders.

Zu Anlässen wie dem XI. SED-Parteitag 1986 tagten die Politiker im großen Auditorium.

Dass der Bau in den 1970er-Jahren in nur drei Jahren hochgezogen wurde, war eine Meisterleistung. Aufgrund des hohen Grundwasserspiegels und der Lage am Spreeufer setzte man das Haus in eine Betonwanne von 180 Meter Länge, 86 Meter Breite und 11 Meter Tiefe. Der von Heinz Graffunder und seinem Kollektiv entworfene Palast war ein langgestreckter, fünf Geschosse hoher und flach gedeckter Bau, der sich in seiner Höhe der ihn umgebenden Bebauung anpasste. Um acht

Betonkerne herum entstand eine Skelettkonstruktion aus Stahlträgern, die man mit Asbestzement ummantelte. Was damals als das modernste Brandschutzverfahren überhaupt galt, sollte dem Haus später den Garaus machen. Die Fassaden wurden mit weißem Marmor und bronzegetönten Spiegelglasscheiben verkleidet. Die Dachaufbauten markierten die Lage der Volkskammer, des kleineren, knapp achthundert Plätze bietenden Saals zum Dom hin, und des großen Mehrzwecksaals, dessen Technik höchstes Westniveau hatte. Mit Hilfe vertikaler Trennwände und sechs nach oben schwenkbarer Parkettbereiche ließ sich der Saal, der in voller Größe fünftausend Plätze bot, beliebig verkleinern. Er verfügte über zwei Großbildübertragungswände, ein Hörfunk- und ein Fernsehstudio sowie über fünfzig Dolmetscher- und Reporterkabinen. Hier traten Showstars aus aller Welt auf, hier gab es Ballett und Revue, Fernsehshows und pro Jahr mehrere Tanzbälle.

Doch der Palast bot eine Menge mehr: neben zahlreichen Konferenz- und Arbeitsräumen allein 13 Restaurants und Bars mit zusammen 1500 Plätzen. Von der Spreeseite aus erreichte man die Wein- und die Bierstube, die acht Bowlingbahnen sowie den »Jugendtreff«, die Diskothek im Untergeschoss mit hydraulisch höhenverstellbarer Tanzfläche. Unter dem Dach lag das TiP, das 250 Zuschauer fassende Theater im Palast. 1700 Mitarbeiter und besondere Warenzuteilungen sorgten für den reibungslosen Betrieb.

10 000 Kugeleffektleuchten illuminierten die Foyers im Palast der Republik (Foto: 1988).

Man betrat das Haus in der Regel durchs Hauptportal am Marx-Engels-Platz, über dem an der Fassade das DDR-Emblem, Hammer und Zirkel im Ährenkranz, angebracht war. Im Erdgeschoss befanden sich neben den Garderoben auch Infostände, ein Zeitungskiosk, der auch die in kleinen Auflagen gedruckten Zeitschriften bereithielt, ein Postamt, ein Souvenirladen und zwei Bars. Über eine breite Freitreppe gelangte man hinauf ins Hauptfoyer, das sich über die ersten beiden Obergeschosse erstreckte. Hier stand das Wahrzeichen des Hauses, die 5 Meter hohe Gläserne Blume.

Hunderte Blumenkästen sorgten das ganze Jahr über für bunte Pracht, an den Wänden hingen 16 riesige Gemälde von bedeutenden DDR-Malern wie Willi Sitte und Wolfgang Mattheuer. Fast zehntausend »Kugeleffektleuchten« hingen von den Decken der einzelnen Foyers und Galerien, und sie trugen dem Haus seinen Spitznamen ein: Erichs Lampenladen (nach dem Staats- und Parteichef Erich Honecker). Der Palast öffnete täglich um 10 Uhr seine Pforten, und bis Mitternacht konnte jeder, Ostler wie Westler, hinein, ohne Passkontrolle, ohne Eintrittsgeld. Hier traf man sich, flanierte, aß oder trank etwas, besuchte Ausstellungen oder Veranstaltungen.

Kurz sei noch die Vorgeschichte des Palastes erzählt: Seit Gründung der DDR 1949 plante die Staatsführung die Anlage eines repräsentativen Stadt- und Regierungszentrums. Allerdings stellten sich die finanziellen Verhältnisse in der DDR anfangs anders dar als gegen Ende der Republik. Hieß es da »Alles für die Hauptstadt«, so bekam der Ostteil Berlins in den ersten Jahren der Teilung überhaupt keine staatlichen Zuschüsse, ja musste sogar Geld in den DDR-Finanzausgleich einzahlen. Erst in den 1960er-Jahren konnte der Aufbau des Stadtzentrums wirklich in Angriff genommen werden.

Planen allerdings kostete nicht viel, und so gab es seit 1950 mehrere Entwürfe zu einem »Haus des Volkes« – meist im Stile der stalinistischen Hochhäuser Moskaus. Als wegweisend erwies sich dann aber der Entwurf, den Hermann Henselmann beim »Hauptstadtwettbewerb« 1958 einreichte: Statt des Hochhauses schlug er einen »Turm der Signale« vor – und der erinnerte bereits frappierend an den später realisierten Fernsehturm.

Zum 15. Jahrestag der Republik wurde das Staatsratsgebäude eingeweiht und begann der Bau des Außenministeriums. Erst 1972 folgte der erste Spatenstich für den Palast der Republik. Der lieferte erstaunlich wenig Architektur für diesen langen Vorlauf. Dafür lagen die Machthaber der DDR mit ihrer Entscheidung, statt eines Hochhauses als Wahrzeichen Ost-Berlins einen Fernsehturm zu bauen, goldrichtig.

Lenindenkmal

»Das Lenindenkmal wird im wahrsten Sinne des Wortes ein Denkmal des Volkes sein. Zugleich dient es der Kraft und dem festen Zusammenschluss der ganzen Gemeinschaft sozialistischer Staaten um die Sowjetunion«, sagte SED-Generalsekretär Walter Ulbricht bei der Enthüllung des Denkmals am 19. April 1970, drei Tage vor Lenins hundertstem Geburtstag. Zweihunderttausend Menschen nahmen offiziellen Angaben zufolge an der feierlichen Großkundgebung teil, Werktätige aus der ganzen DDR waren an diesem Sonntagmorgen in die Hauptstadt abgeordnet worden. »Frühlingswind bewegt die von vielen mitgeführten Fahnen der Arbeiterklasse und unserer Republik. In hellem Sonnenlicht strahlen die farbenfrohen Fassaden der neuen Häuser – ein festliches Bild festlich gestimmter Menschen bei einem festlichen Anlass«, schrieb das »Neue Deutschland«. Erst sprach ein Bauarbeiter, dann dankte der sowjetische Botschafter auf Deutsch »dem ZK der SED, der Regierung der DDR, den Erbauern des Platzes und allen Berlinern für die Achtung und Ehrung, die sie mit dem Denkmal dem genialen Führer des internationalen Proletariats erweisen«. Schließlich erklärte Walter Ulbricht das Denkmal zum Zeugnis dafür, dass »die Arbeiterklasse und alle Werktätigen Lenin lieben und verehren, seine Lehren beherzigen und alle ihre schöpferischen Kräfte für den Sieg des Sozialismus einsetzen«.

Und dann wurde er endlich enthüllt, der 19 Meter hohe Lenin aus rotem ukrainischem Granit, der, vor dem Hintergrund einer wehenden Fahne und aus einem eckigen Sockel herauswachsend, mit visionärem Blick auf das realsozialistische

Geschehen in Ost-Berlin hinabblickte. Er stand im Zentrum des neugeschaffenen Leninplatzes, einer überdimensionierten Verkehrskreuzung mit zwei geschwungenen elfgeschossigen Wohnriegeln zu beiden Seiten und einem dreifach gestuften, 25-geschossigen Hochhaus hinter dem Denkmal. Eigentlich hatte der Architekt des Platzes, Hermann Henselmann, einen Bibliothekspavillon an dieser Stelle vorgesehen, doch Ulbricht hielt einen Lenin für wichtiger. Im November 1968, knapp drei Monate nach der gewaltsamen Niederschlagung des »Prager Frühlings«, reiste eine Delegation des DDR-Politbüros nach Moskau und beauftragte Nikolai Tomski, den Präsidenten der Akademie der Künste der Sowjetunion, der schon zahlreiche Lenins gefertigt hatte, mit einem Entwurf.

Granitener Lenin vor grauem Hochhaus: Das gewichtigste Denkmal Ost-Berlins wirkte auf dem überdimensionierten Leninplatz fast klein.

Nicht nur die Bürger Ost-Berlins sollten zum Lenin vom Leninplatz aufschauen, auch den Bildhauern des Landes wurde deutlich vor Augen geführt, in welche Richtung es künftig gehen würde. Im ganzen Land entstanden nun Monumentalplastiken nach sowjetischem Vorbild – bis hin zu Lew Kerbels Thälmann 1986 an der Greifswalder Straße.

Nur ein Jahr nach der Wiedervereinigung verschwand der Granit-Lenin wieder. Nachdem der Bezirk Friedrichshain den Abriss beschlossen und der Stadtentwicklungssenator den seit 1979 geltenden Denkmalschutz aufgehoben hatte, begann der Abriss. Er dauerte drei Monate. In 129 Teile zerlegt, wurde Lenin in einer Sandgrube im Köpenicker Forst vergraben. An seiner Stelle baute man 1994 auf dem Platz der Vereinten Nationen, wie die Kreuzung seit 1992 heißt, einen Springbrunnen mit 14 Findlingen auf.

2015 wurde der 3,5 Tonnen schwere Kopf, dessen Abtransport im Film »Good Bye, Lenin!« verewigt ist, wieder ausgebuddelt, seit 2016 ist er in der Ausstellung »Enthüllt. Berlin und seine Denkmäler« in der Zitadelle Spandau zu sehen.

Opfer des Berlin-Booms

Bauwerke, die seit den 1990er-Jahren abgerissen wurden

Kudamm-Eck

Großer Protest regte sich beim Abriss des Kudamm-Ecks 1999 nicht. Zwar verschwand ein zeittypischer Bau, der über drei Jahrzehnte das Gesicht der City-West entscheidend mitgeprägt hatte, doch beliebt war das 1969–72 errichtete Einkaufszentrum nie.

Es war der damalige Senatsbaudirektor höchstselbst, Werner Düttmann, der den Plan eines großen Konsumtempels vis-à-vis dem Café Kranzler entwarf. Was auf dem Papier als selbstbewusste Bauskulptur beeindruckte, sprengte, Realität geworden, die vorhandenen Maßstäbe der Kudamm-Bebauung. Das aus mehreren Kuben zusammengefügte Kudamm-Eck schottete sich mit seiner weißverkleideten, nur von schmalen Fensterbändern geöffneten Fassade gegen seine Umgebung ab. Selbst die beiden großen Fensterbänder des zentralen Baublocks wirkten mit ihrer dunklen Tönung abweisend. Die Eingänge lagen verschattet in hohen Gebäudeeinschnitten. Das Hauptproblem des Komplexes jedoch war, dass das Innere nicht funktionierte. Die Einzelhandelsgeschäfte warteten auf den versetzt angelegten Ebenen meist vergeblich auf Kundschaft – zu abweisend wirkte das von Kunstlicht beleuchtete, dunkelbraun gefasste Innere, zu unübersichtlich war das Passagensystem, das über eine zentrale Halle erschlossen wurde. Im 5. und 6. Obergeschoss befanden sich eine Bowlingbahn und das Berliner Panoptikum (Wachs-

Von außen wirkte das Kudamm-Eck bei seiner Fertigstellung 1972 futuristisch und elegant. Drinnen aber war es düster.

figurenkabinett). Fünf der 13 Geschosse lagen unter der Erde, die Tiefgarage war über vier Untergeschosse verteilt.

Nur ein Element hat der Hotel- und Kaufhaus-Neubau von Gerkan, Marg & Partner, der heute an dieser Ecke steht, von Düttmanns Bau übernommen: Bereits seit 1972 zeigte eine 300 Quadratmeter große Lichtraster-Fläche hoch über der Straßenecke Werbespots und andere bunte Bilder.

Der Nachfolgebau mit Kaufhaus und Hotel.

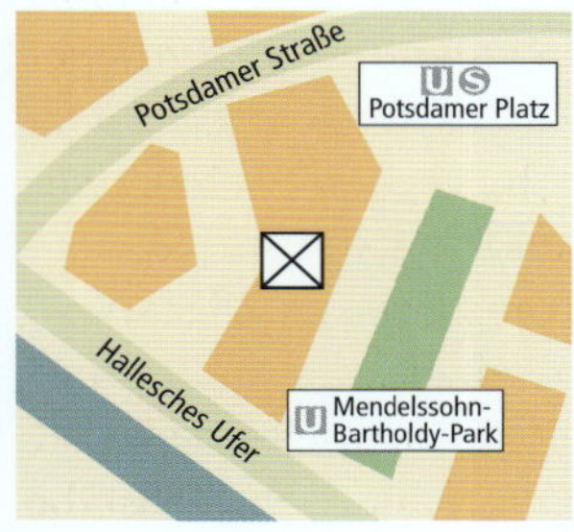

Bellevue-Tower

Schon in den 1930er-Jahren hatte man begonnen, das Tiergartenviertel westlich und südwestlich des Potsdamer Platzes abzureißen, um Platz für die geplante große Nord-Süd-Achse zu gewinnen. Der Zweite Weltkrieg brachte weitere Zerstörungen, und die Reste der einst prächtigen Bebauung wurden in den 1950er- und 1960er-Jahren, bis auf wenige Ausnahmen, großflächig abgeräumt. Aus dem Ideen-Wettbewerb »Hauptstadt Berlin« von 1957/58 entstand der Plan, das riesige Brachland zu einem Kulturforum auszubauen – ursprünglich in Anbindung an die historische Mitte, seit dem Mauerbau 1961 als Gegengewicht zu den nun im Ostteil der Stadt liegenden Kulturinstitutionen. 1963 wurde die Philharmonie eröffnet, 1968 die Neue Nationalgalerie, ab 1967 war die neue Staatsbibliothek im Bau. Im Windschatten dieser großartigen Bauten berühmter Architekten wuchs 1970/71 aber noch ein viertes Gebäude empor: ein langgestrecktes, mit unscheinbar grauem Waschbeton verkleidetes, in drei Stufen bis auf eine Höhe von 15 Geschossen aufragendes Hochhaus, auf dessen zurückgesetztem Dachgeschoss in großen Lettern der Name Bellevue-Tower prangte. Ursprünglich als Hotel gedacht, wurde es als Studentenwohnheim genutzt.

Für viele Studenten ein Zuhause: Der Bellevue-Tower kurz vor der Sprengung 1993.

Vielen Berlinern und Touristen wird das Gebäude erst 1989 wirklich bewusst geworden sein. Im Januar jenes Jahres gewährte die polnische Regierung unter General Wojciech Jaruzelski ihren Bürgern Reisefreiheit, und die kamen nun zu Zehntausenden nach West-Berlin, um sich hier ihre kümmerlichen Löhne aufzubessern. Auf der großen Brache zu Füßen des Bellevue-Towers entwickelte sich der »Polen-Markt«, auf dem man Schnäppchen machen konnte wie sonst nirgends in der Stadt. Für über ein Jahr war der Polen-Markt die große Attraktion, dann verschwand er wieder, weil die Polen für das wiedervereinigte Berlin Visa brauchten. 1990 kaufte Daimler-Benz das Areal zwischen Potsdamer Platz und Landwehrkanal, im Oktober 1993 wurde der Bellevue-Tower gesprengt. Um die Architektur ist es nicht schade. Doch die Vorstellung, dass dort, wo sich in teuerster Lage am Potsdamer Platz die Nobel-Wohnbauten der Daimler-City erheben, heute Hunderte von Studenten günstigen Wohnraum finden könnten, hat ihren Reiz. Vielleicht hätte das Studentenwerk sein kleines, rings von Landesbesitz umgebenes Grundstück einfach nicht verkaufen und den Tower stattdessen instand setzen und äußerlich verschönern sollen.

Vereinshaus der Berliner Kaufleute und Industriellen

Kennen Sie den Namen Paul Schwebes? Vermutlich nicht. Aber seine Gebäude kennen Sie. Schwebes war nämlich das, was vor ihm Karl Friedrich Schinkel, Friedrich August Stüler und Erich Mendelsohn waren: der meistbeschäftigte Berliner Architekt seiner Zeit. 1902 im pommerschen Stargard geboren, führte er in den 1950er-Jahren das größte Architekturbüro der Stadt, seit einem Herzinfarkt 1956 gemeinsam mit Hans Schoszberger. Allein oder mit einem Partner baute Schwebes u.a. das Zentrum am Zoo mit dem Bikinihaus nördlich und das Deutsche Familienkaufhaus (später Hugendubel) südlich der Gedächtniskirche, das Telefunkenhaus am Ernst-Reuter-Platz, das Allianzhaus am Joachimsthaler Platz, das Hilton/InterContinental, das Hotel Kempinski, das Haus Hardenberg (ehemals Kiepert), das Hotel Berlin usw. – kurz: Ohne Schwebes' Bauten wäre es rings um Kudamm und Gedächtniskirche ziemlich leer. Seinen vielleicht kleinsten, aber nicht minder exklusiven Bauauftrag erhielt er 1954 vom Verein Berliner Kaufleute und Industrieller, zu dem sich 1879, in der Gründerzeit, über dreihundert Kaufleute zusammenfanden und der noch heute eine Rolle im Berliner Wirtschaftsleben spielt. 1933 unter NS-Kontrolle gebracht und 1945 verboten, war der Verein 1948 wieder zugelassen worden. Nun baute er sich im Zentrum West-Berlins, direkt neben der damals noch im Bau befindlichen IHK mit der Börse, ein neues Vereinshaus.

Und es zeigte sich: Schwebes verstand sich auch auf die kleine Form. Er gestaltete das Vereinshaus wie einen Schuhkarton, beschränkte die Durchfensterung auf die Mittelzonen der Wände und verkleidete die so entstandenen großen Wandflächen mit noblem Muschelkalk. Den Eingang auf der Schmalseite zur Fasanenstraße hin zeichnete er durch ein weit vorkragendes Vordach aus. Insgesamt wirkte der

Die Wirtschaftsbosse fahren zur Eröffnung vor: Nobel und dezent wirkte das Haus, das der Verein Berliner Kaufleute und Industrieller 1954 bezog. Im Hintergrund sieht man das Theater des Westens.

Bau schlicht, zurückhaltend und doch nobel und sogar auf eine gewisse Weise monumental. Vermutlich genau so, wie es sich die Wirtschaftskapitäne erhofft hatten.

Im Erdgeschoss befanden sich die Verwaltungs- und Besprechungszimmer, im Obergeschoss lag der Festsaal für 350 Personen, im Untergeschoss lockte die Gaststätte »Berliner Keller«. 1993 wurde der Denkmalschutz aufgehoben und das Gebäude abgerissen, der Verein Berliner Kaufleute und Industrieller residiert heute an gleicher Stelle im Ludwig-Erhard-Haus.

Börse Fasanenstraße

Nach der deutschen Wiedervereinigung erhoffte sich Berlin den großen Wirtschaftsboom, und voller Vorfreude legte man 1994 den Grundstein für das Ludwig-Erhard-Haus, das unter seinem parabelförmig geschwungenen Dach neben den wichtigsten Wirtschaftsinstitutionen auch die Berliner Börse beherbergt. Der alte, gleich nebenan liegende Börsensaal wurde vom Neubau zwar nicht tangiert, doch man hatte für den Sechseckbau auf der Rückseite des monumentalen IHK-Gebäudes aus den 1950er-Jahren keine Verwendung mehr. 1996 wurde die Börse des alten West-Berlin abgerissen.

Die Börse war bis 1996 in einem eigenen Bauteil hinter dem Bürohaus der Industrie- und Handelskammer (links) untergebracht. Rechts ist das im Bau befindliche Ludwig-Erhard-Haus zu sehen.

Es war ein fast schon futuristisch anmutender Bau: ein aufgeständertes Sechseck mit hohem, schräggedecktem und 530 Quadratmeter großem Parkettsaal hinter schmalen, hohen Fenstern, um den eine auskragende Zone mit »Fernsprechzellen und Kabinen für die Makler« gelegt war. Im Gegensatz zum Gebäude der Industrie- und Handelskammer, das als siebengeschossiger Riegel mit Rasterfassade, edler Travertinverkleidung und Flugdach solide Monumentalität ausstrahlt, machte der Anbau der Börse nicht viel her. Und doch waren beide in einem Zug geplant und gebaut worden, vom Berliner Architektenduo Franz Heinrich Sobotka und Gustav Müller. 1955 fand hier die erste Börsensitzung statt, 1996 die letzte.

Seit 1996 handeln die Börsianer im Ludwig-Erhard-Haus, in dem auch der Verein Berliner Kaufleute eine neue Heimat gefunden hat.

Hotel Schweizerhof

Das schönste Hotel Berlins war es nicht, aber wohl das berüchtigtste – im positiven Sinne. Wenn die Berliner Gesellschaftsreporter auf die Schnelle noch eine Geschichte aus dem Hut zaubern mussten, fuhren sie gern in den Schweizerhof. Hier traf sich in der Wappenbar, was Rang und Namen hatte im Show- und Politikgeschäft – und trinkfest war. Urwaldmaggi nannten die Eingeweihten das Pflichtgetränk Fernet-Branca, und ein prominenter Gast taufte die kleine Lokalität in höchster Not einst Todeszelle. Ein Name, der blieb. Showmaster Dieter Thomas Heck war Dauergast in seiner Suite, und mit ihm zogen all die Schlagerstars und -sternchen, die von einem Auftritt in der ZDF-Hitparade träumten, ins 430-Bettenhaus, das 1966 als eines der wenigen Luxus-Hotels der Inselstadt eröffnete. Das Hilton gegenüber, heute InterContinental, war älter und schöner – doch der Schweizerhof war »the place to be«. Marlene Dietrich und Frank Sinatra, Alfred Hitchcock und der Schah von Persien – sie alle erwählten das Haus mit der gediegenen Rasterfassade und der charakteristischen Glaskuppel über dem Eingang als ihr Berliner Domizil. Auch Hildegard Knef war gern zu Gast, wenn sie nicht gerade eine Wohnung in Berlin hatte. Doch wie es so geht, wenn man sich nicht der Zeit anpasst: Irgendwann war das 1960er-Jahre-Flair mit Schweizer Plüsch und Matterhorn-Barock nicht mehr schick, neue Luxusherbergen setzten neue Maßstäbe. 1997, nach nur 31 Jahren, wurde der Schweizerhof abgerissen. Zwei Jahre später eröffnete ein neuer Schweizerhof. Spannende Geschichten aus dem Hotel-Nachtleben hat man seitdem nicht mehr aus der Budapester Straße gehört.

Wahrzeichen des Hotels Schweizerhof: Das »schwebende« Vordach an der Budapester Straße.

St. Johannes Capistran

Reinhard Hofbauer, 1907 in Kassel geboren, entwarf in den 1950er- und 1960er-Jahren zahlreiche ungewöhnliche Kirchen, drei von ihnen standen in Berlin. Die bekannteste, St. Canisius in Charlottenburg, brannte 1995 ab, die originellste, St. Johannes Capristan, wurde 2005 abgerissen. Sie war eingebunden in eine unregelmäßige Vierflügelanlage, die außerdem ein Franziskanerkloster und ein Studentenhaus umfasste. Konstruiert auf parabelförmigem Grundriss, erhob sich das Hauptschiff der Kirche, fensterlos und auberginefarben verklinkert, hoch über den niedrigen Seitenschiffen. Der Clou war die Vorderfront: Aus der durchfensterten Wand ragte mittig und hoch ein bugartiger, spitzer Betonblock auf, unter dem sich der Eingang und hinter dem sich die Orgelempore befand. Vor der Front, durch eine niedrige Mauer mit ihr verbunden, stand der Kirchturm: aufgetürmt aus über Kreuz gelegten Hohlformen aus Beton, mehr Skulptur als Bauwerk.

Den wohl originellsten Kirchturm von Berlin bot seit 1969 die katholische Kirche St. Johannes Capistran.

Schon 1986 war das Kloster aufgelöst worden, 2005 verkaufte das Erzbistum Berlin den Komplex, der noch im selben Jahr abgerissen wurde. Der Bezirk hatte die Genehmigung erteilt, das Landesdenkmalamt kam zu spät mit seinem Versuch, das Ensemble unter Schutz zu stellen. Inzwischen ist auf dem Grundstück eine Seniorenwohnanlage entstanden. St. Johannes Capistranus war übrigens ein italienischer Wanderprediger des späten Mittelalters und ist der Schutzpatron der Rechtsanwälte.

Rattenburg

Unter den unzähligen namenlosen »Mietskasernen« in Berlin, wie man die Mehrfamilienhäuser aus der Zeit des Kaiserreichs nennt, war die Rattenburg wohl die exponierteste und bekannteste. Zahlreiche Autofahrer dürften sich gewundert haben über diesen Bau, dem allein schon wegen der Giebel, des runden Eckturms und der kompakten Form auf dreieckigem Grundriss etwas Märchenhaftes innewohnte. Die Form ergab sich schlichtweg aus der ungewöhnlichen Lage zwischen der Gottlieb-Dunkel-Straße, den Gleisen der Neukölln-Mittenwalder Eisenbahn und dem Teltowkanal. Zu dessen Ufer hin war das Haus durch ein mächtiges Fundament und zwei Kellergeschosse abgestützt. Vermutlich bekam der Bauherr ein solches Grundstück im Jahr 1910 für einen Appel und ein Ei, und sicherlich spekulierte er auch darauf, dass dieses Niemandsland zwischen Tempelhof, Neukölln, Mariendorf und Britz bald einen Bauboom erleben würde. Tat es aber nicht, stattdessen siedelte sich Gewerbe an.

Als dann in den 1970er-Jahren der Autobahn-Stadtring in Richtung Osten wuchs, kamen die Planer auf die Idee, das einsam mitten im Gewerbegebiet stehende Haus abzureißen und die Autobahn in Richtung Gradestraße genau über dieses Grundstück zu führen. Der Besitzer weigerte sich zu verkaufen, und so rammte man die Pfeiler der hier hoch über dem Bodenniveau verlegten Autobahn direkt neben dem Altbau in den Boden. Woraufhin das Haus in Richtung Teltowkanal absackte und seitdem leicht schief stand. Seit sich in einem kalten Winter die Ratten aus dem Teltowkanal ins Warme des Kellers geflüchtet hatten, hatte das Haus dann auch seinen Spitznamen weg: die Rattenburg.

In den 1990er-Jahren schien das Schicksal des trutzigen Gemäuers besiegelt. Der Teltowkanal sollte verbreitert werden, und statt dem Altbau ein neues Fundament und eine neue Uferwand zu spendieren, versuchte das Wasserstraßen-Neubauamt Berlin dem Besitzer das Haus auf Abriss abzukaufen. Der aber hatte es gerade erst erworben und wollte es sanieren, wie er Zeitungsjournalisten erzählte. Und es gab ja auch noch zahlreiche langjährige und, laut Zeitung, glückliche Mieter. Neun Jahre wurde verhandelt, vermutlich über einen guten Preis, dann wurde die Rattenburg doch »rückgebaut«. Seit 2008 ist Berlin um ein skurriles Detail ärmer.

Dieses Haus fiel auf: Einsam zwischen Straßen und Eisenbahnschienen, der Autobahn und dem Teltowkanal in einem Industriegebiet gelegen, war die Rattenburg ein Berliner Unikum – bis zum Abriss 2008.

Schimmelpfenghaus

Über dieses Haus konnte man trefflich streiten: Für die einen war es eines der prägenden Bauten der West-Berliner Wiederaufbauzeit, die unverzichtbare Rückwand des Breitscheidplatzes, die auch der Gedächtniskirche erst ihren Maßstab gegeben habe, für die anderen eine Fehlplanung, die den freien Blick auf die Gedächtniskirche versperrte und nur eine schmuddelige Hinterhofsituation geschaffen habe. »Es ist immer bitter, ein interessantes und dominantes Gebäude, das unter Denkmalschutz steht, abreißen zu müssen«, sagte sogar die damalige Bausenatorin Ingeborg Junge-Reyer, um dann anzufügen: »Aber wir müssen die gesamte Entwicklung der Umgebung des Zoologischen Gartens im Blick haben.« Die bauliche Aufwertung des Gebiets um Bahnhof Zoo und Gedächtniskirche war den Landes- und Bezirkspolitikern so wichtig, dass sie das Schimmelpfenghaus aus der Denkmalliste strichen. Franz-Heinrich Sobotka und Gustav Müller, denen Berlin u.a. den Henry-Ford-Bau, die Bibliothek der Freien Universität Berlin und das Springer-Hochhaus zu verdanken hat, hatten für den sensiblen Bauplatz 1957 einen monumentalen Riegel entworfen: achtgeschossig, auf mächtige Stützen 5,50 Meter hoch gesetzt und quer über die Kantstraße gelegt, die schmucklose, simpel durchfensterte Fassade mit Muschelkalk verkleidet. Seinen Pfiff erhielt der Klotz durch die Dachplatte, die auf schlanken Stützen über dem Rest des Gebäudes schwebte und ein eingezogenes rundum verglastes hohes

Es war ein Wahrzeichen der City-West: Das Schimmelpfenghaus legte sich wie eine Brücke über die Kantstraße und schirmte den Breitscheidplatz nach Westen ab (Foto: 1961).

Obergeschoss barg. Außerdem entstanden bis 1960 ein Parkhaus an der Kantstraße und ein siebengeschossiger Trakt zwischen Kantstraße und Kurfürstendamm. Dieser eher schlichte Trakt wurde erst 2013 abgerissen, doch »das Schimmelpfenghaus« meinte immer den Brückenbau. Er verschwand 2009 aus dem Stadtbild, um Platz zu machen für das 118 Meter hohe »Zoofenster«. Anstelle des südlichen Schimmelpfengflügels entstand 2013–17 das 119 Meter hohe »Upper West«. So wird die Gedächtniskirche künftig von der Kantstraße aus nicht mehr verdeckt, sondern durch zwei Hochhäuser gerahmt. Für Christoph Mäckler, den Architekten des Zoofensters, eine »selbstverständliche« Lösung gegenüber dem »gekünstelten« Brückenbau.

Freie Sicht in die Kantstraße: Links das Upper West, rechts das Zoofenster.

Der Name Schimmelpfenghaus war übrigens kein offizieller, er leitete sich von einer Leuchtreklame ab, die einst auf einen Mieter, die alteingesessene Wirtschaftsauskunftei Schimmelpfeng, hinwies. Bei dieser Benennung blieb es, auch als später nur noch, hoch oben und in knalligem Gelb, »Tagesspiegel« an der Fassade prangte.

Deutschlandhalle

Im Jahr 2008 war Berlin die zweitwichtigste Kongressstadt der Welt, nach Wien. Doch der landeseigenen Messegesellschaft verhagelten zwei unrentable Großbauten die Bilanz. Nach langem Tauziehen fällte der Senat schließlich im Mai 2008 eine Entscheidung: Das futuristische und prominent über dem Stadtring thronende ICC wird saniert, die ältere und nicht nur optisch ins Abseits geratene Deutschlandhalle wird abgerissen. Zwar versagte das zuständige Bezirksamt die Genehmigung, doch das Land setzte sich, auch gegen den Denkmalschutz, durch. Am 26. April 2009 fand die letzte Veranstaltung statt, ein Junioren-Eishockeyturnier, die Sprengung des riesigen Daches am 3. Dezember 2011 verwandelte die altehrwürdige Halle dann in einen Trümmerhaufen. Im Mai 2014 wurde der Nachfolgebau eröffnet: die zweigeschossige »kongresstaugliche Messehalle« City Cube.

1985 war die Deutschlandhalle noch die führende Mehrzweckhalle West-Berlins. Fünf Jahre zuvor war sie vorsorglich geschlossen worden, um die Statik zu überprüfen, doch noch war alles in Ordnung.

Die Geschichte der Deutschlandhalle ist eine Geschichte mit Weltrekorden und Katastrophen, vielen Höhepunkten und einem langen Niedergang. Sie begann 1933 mit der Gründung der Deutschlandhalle AG, deren Vorstandsvorsitzender der frühere Sportpalast-Chef und damalige Direktor der größten Halle Europas, der Westfalenhalle in Dortmund, wurde. Ferry Ohrtmann entwarf dann auch gemeinsam mit dem Bauingenieur und Bauunternehmer Fritz Wiemer die privat finanzierte, aber auf landeseigenem Grund gelegene Deutschlandhalle, den größten Hallenbau der Welt. Nach nur neun Monaten Bauzeit wurde sie am 29. November 1935 von Adolf Hitler eröffnet. Zwar fanden hier auch einige Partei- und Staatskundgebungen statt, vor allem aber wurde sie für Sportveranstaltungen und Shows genutzt.

Es war ein Bau auf rechteckigem Grundriss von 117 Meter Länge und 83 Meter Breite, der von einer stählernen Dachkonstruktion überfangen wurde. Auf den Längsseiten sprangen die Eingangshalle und nach hinten eine Gaststätte mit Terrasse als eigene Bauteile vor. Im Innern war eine ovale Radrennbahn installiert, die an den Enden anstieg und zu den beiden Rängen überleitete. Das Erdgeschoss unter der Radrennbahn und den Rängen war als Wandelhalle genutzt, in den vier Gebäudeecken lagen je drei Treppenhäuser. Vom Eingang führte ein Tunnel unter der Rennbahn hindurch in die Arena. Insgesamt fanden 17 000 Besucher einen Sitzplatz. Die Licht- und Tonanlagen galten als die modernsten ihrer Zeit.

Bei den Olympischen Spielen 1936 wurden in der Deutschlandhalle die Wettkämpfe im Ringen, Boxen und Gewichtheben ausgetragen, später dominierten Radrennen und Boxturniere, Shows und Revuen. 1938 wagte Hanna Reitsch während einer Revue den ersten Hallenflug mit einem Hubschrauber überhaupt, 1940 kam die Hochseilartistin Camilla Mayer zu Tode, als ein Mast brach. Im Januar 1943 setzte eine Bombe während einer Vorstellung das Dach in Brand, wie durch ein Wunder konnten sich alle Besucher in Sicherheit bringen.

13 Jahre lag die Halle in Trümmern, bis es einer neuen Gesellschaft, wiederum um Ferry Ohrtmann, gelang, private Geldgeber für den Wiederaufbau zu gewinnen.

Große Teile des Vorgängerbaus konnten erhalten bleiben, doch wurde das neue Dach nun aus Stahlbeton konstruiert. Der Außenbau erhielt nach Plänen von Paul Schwebes eine moderne Gestaltung, die den Bau wesentlich kompakter wirken ließ. Dafür fielen die staatstragenden Elemente wie die pfeilergestützte Vorhalle und das starke Dachgesims fort. Durch eine neue Bestuhlung bot die Halle nur noch zwölftausend, seit 1973 gar nur noch achttausend Sitzplätze.

Doch auch damit blieb die Deutschlandhalle die größte Mehrzweckhalle West-Berlins. Die Berliner Philharmoniker unter Herbert von Karajan spielten hier ebenso wie die Rolling Stones und The Who, Jimi Hendrix, ABBA und Take That. Und natürlich war oft das Fernsehen zu Gast: »Der goldene Schuss« mit Vico Torriani am 25. August 1967 war die erste Show in Farbe – Willy Brandt hatte am Morgen den Startschuss für das deutsche Farbfernsehen gegeben.

Von 1973 bis 1988 fanden die Sechstagerennen in der Deutschlandhalle statt (Foto: 1982).

Publikumsrenner waren bis 1997 die alljährliche Weihnachtsshow »Menschen, Tiere, Sensationen«, »Holiday on Ice« und die Militärshow »British Tattoo«, zu deren letzter Ausgabe 1992 sogar die Queen kam. Man veranstaltete Reit- und Springturniere, Box-, Tennis- und Leichtathletik-, Turn- und Handballwettkämpfe, das erste Hallenfußballturnier in Deutschland (1971), Basketball (Alba Berlin gewann hier 1995 gegen Mailand den Korac Cup) und sogar Eishockey. Das geschah allerdings erst in der allerletzten Zeit. Nach dem Einsturz der Kongresshalle, dem heutigen Haus der Kulturen der Welt, im Jahr 1980 wurde der Bau zum ersten Mal vorsorglich gesperrt, aber schnell wieder eröffnet. 1998 wurde er erneut wegen Baufälligkeit geschlossen, aber bis 2001 saniert, weil man einen Ersatz für die benachbarte Eissporthalle brauchte, die dem Messeausbau im Weg stand. Eine Saison lang erlebte man in der Deutschlandhalle sogar Erstliga-Eishockey, dann stiegen die Berlin Capitals ab. 2005 erneut geschlossen, fand hier seit 2006 nur noch Jugend-Eishockey statt. Die Max-Schmeling-Halle und das Velodrom hatten der altehrwürdigen Deutschlandhalle das Wasser abgegraben, die Arena am Ostbahnhof machte sie endgültig obsolet. 7200 Sport- und Kulturveranstaltungen in 74 Jahren waren es angeblich alles in allem. Ob die Schmeling-Halle und die Arena am Ostbahnhof je solche Zahlen erreichen werden?

Der 2014 eröffnete CityCube bietet riesige stützenfreie Ausstellungs- und Konferenzräume.

Wohnanlage am Lützowplatz

Oswald Mathias Ungers gilt als einer der bedeutendsten deutschen Architekten der Zeit nach 1945, für viele seiner einstigen Schüler und Mitarbeiter wie Hans Kollhoff, Christoph Mäckler, Max Dudler oder Rem Koolhaas war es vor allem sein Verdienst, dass die deutsche Architektur in den 1970er-Jahren wieder an Glanz und internationaler Anerkennung gewann. Umso erstaunlicher ist es, dass der am prominentesten gelegene Berliner Bau des 2007 verstorbenen Kölners im Jahre 2013 abgerissen wurde – gegen die Wünsche der Mieter, die sich dort anscheinend wohl fühlten, und gegen eine Initiative Berliner Architekten, das Ensemble unter Denkmalschutz stellen zu lassen. Inzwischen ist dort das »Lützow Carré« entstanden, ein großer Gebäudekomplex mit Büros zum Platz hin und 128 Wohnungen im rückwärtigen Bereich.

Die Raffinesse lag im Detail: Die zur Internationalen Bauausstellung 1984 entstandene Wohnanlage am Lützowplatz.

Das Wohnensemble Lützowplatz 2–18, das keinen markanten Namen trug, war eine ungewöhnliche, zeittypische und in ihrer strengen Rasterung auch für Ungers charakteristische Anlage. Sie entstand 1979–83 im Rahmen der Internationalen Bauausstellung IBA, die sich vor allem zum Ziel gesetzt hatte, die Innenstadt als Wohnumfeld von hoher Lebensqualität wiederzugewinnen – mit beispielhaften Lösungen. Die Bauaufgabe Lützowplatz war komplex: Zum einen sollte der kriegszerstörte Platz wieder eine westliche Kante bekommen und als Platz erfahrbar werden, zum anderen sollten auch an dieser Hauptverkehrsachse gute Wohnbedingungen geschaffen werden.

Zeitgenössische Großstadtarchitektur: Das neue Lützow Carré ersetzte den Ungers-Bau.

Davon ausgehend entwarf Ungers einen langen, sechsgeschossigen Gebäuderiegel, dessen wandartige Front er durch drei flache Giebel und vertikale Fensterbänder an den Treppenaufgängen gliederte. Im Innern war das Gebäude unterteilt in Reihenhäuser mit Maisonette-Wohnungen, die mit den Wohnräumen und großen Terrassen nach hinten, ins ruhige Blockinnere, ausgerichtet waren. Auf dem rückwärtigen Grundstück standen noch einmal, von einer Wohnstraße erschlossen, fünf »Stadtvillen« mit je vier Wohnungen. Der Unterschied zwischen der blockhaften Platzfront und der offenen Rückfront mit ihren Rasenflächen und Backsteinmauern war beträchtlich. Für die Vorderfront hatte Ungers auch Backstein vorgesehen, unter Protest musste er darauf jedoch – aus Kostengründen – verzichten. Schließlich waren alle 84 Wohnungen Sozialwohnungen. Die Mietpreise im neuen Lützow Carré sind dagegen wesentlich höher.

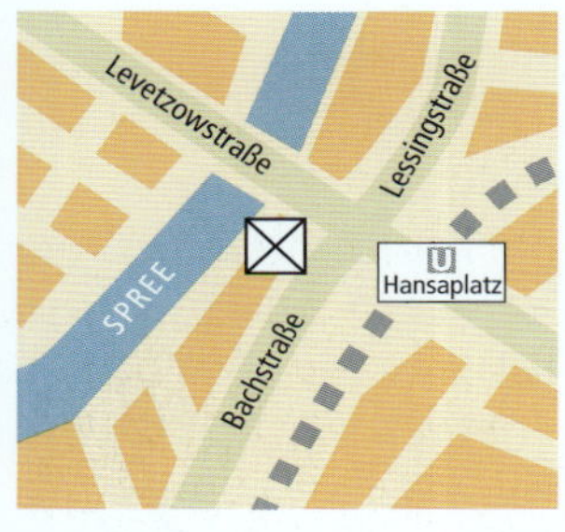

Konsistorium der Evangelischen Kirche, Bachstraße

Aluminiumverkleidung und flächenbündige, quadratische, zu Bändern zusammengefasste Fenster mit abgerundeten Ecken – diese beiden Merkmale reichen aus, um ein Berliner Hochhaus ziemlich genau zu datieren. Es sind die Charakteristika jener futuristisch anmutenden Fassadengestaltung, die für eine kurze Zeit, Ende der 1960er- bis Mitte der 1970er-Jahre, modern war. Zu dieser Space-Age-Architektur, wie sie seit neuestem genannt wird, gehören als prominenteste Beispiele das Schering-Hochhaus im Wedding und das BfA-Hochhaus am Hohenzollerndamm in Wilmersdorf. Ein kleineres Exemplar verschwand Ende 2011 aus dem Stadtbild: das Bürohaus, in dem von 1971 bis 2000 nicht nur das Konsistorium (die oberste Verwaltungsbehörde) der Evangelischen Kirche Berlin-Brandenburg saß, sondern auch die Kirchenleitung mit dem Bischof und weitere kirchliche Institutionen. Sie alle zogen 2000 nach Friedrichshain.

Nach neun Jahren Leerstand ging die Immobilie schließlich an ein der Kirche gehörendes Wohnungsunternehmen, das hier am Nordrand des Hansaviertels, zwischen Bahn, Hauptverkehrsstraßen und Spreeufer, eine Wohnanlage mit Hochhaus errichten ließ, ein »urbanes Hideaway« und »Kraft spendendes Wohnquartier abseits des Mainstreams«.

Das Konsistorium an der Bachstraße war ein typisches Beispiel der »Space-Age-Architektur« der Jahre um 1970 (Foto: 1972).

Das Konsistorium war ein siebengeschossiger Stahlskelettbau auf Y-förmigem Grundriss mit zeittypischer Aluminiumfassade. Entworfen hatte ihn 1968 ein im West-Berlin der 1960er- und 1970er-Jahre sehr einflussreiches Architektenduo: Hans Christian Müller, damals zugleich Senatsbaudirektor, und Georg Heinrichs.

Kugelkino Panorama

»Wollten Sie sich schon immer mal fühlen wie in einem Computerspiel ... Begeben Sie sich mit einem Laservisier auf eine packende Reise durch gruselige 3D-Welten und werden Sie Teil eines fesselnden Abenteuers voller Mumien und Monster ... Inmitten einer blauen Kugel erleben 24 Actionhungrige ein Spektakel der ganz besonderen Art.«

Die »Weltneuheit«, für die hier geworben wird, ist der »Dome of Babelsberg«. Die Blaue Kugel aber kennen viele Berliner und noch mehr Fernsehzuschauer in ganz Deutschland von woanders: Seit 1989 stand sie vor dem Ostflügel des Bikinihauses an der Budapester Straße. Entworfen von den Berliner Architekten Joachim Glässel und Andreas Reidemeister, diente sie zunächst als 360-Grad-Kino »Panorama«, in dem ein eigens gedrehter Film über Berlin gezeigt wurde. Auch als Diskothek reüssierte sie nicht. Zum Erfolg wurde die Blaue Kugel erst 1998, als sie zum Studio der populärsten deutschen TV-Polit-Talkshow umfunktioniert wurde. 447 Mal begrüßte Sabine Christiansen hier hochkarätige Politiker – vor 110 Zuschauern und den Fernsehkameras. Für den freien Blick auf die Gedächtniskirche waren sogar zwölf blaue Fassadenelemente durch Glasplatten ersetzt worden. Im Sommer 2007 aber hatte die Talkmasterin genug, ihre Nachfolgerin Anne Will ging lieber in ein Studio in Adlershof, und wieder wurde es ruhig in der Blauen Kugel.

Als man an die Neugestaltung des Bikini-Hauses schritt, wusste man nichts mit der Kugel anzufangen, und so schenkte die Eigentümergesellschaft sie dem Filmpark Babelsberg. Ende 2010 wurde sie abmontiert, seit 2011 beglückt sie »Actionhungrige« in Potsdam.

Die Blaue Kugel war nacheinander Kino, Diskothek und Fernsehstudio. 2010 verschwand sie nach Babelsberg.

Bank für Handel und Industrie

Es gab wohl kein zweites Gebäude, das so ideal die Solidität, Geradlinigkeit und unerschütterliche Vertrauenswürdigkeit eines Bankinstituts verkörperte wie der Komplex der BHI an der Kantstraße zwischen Uhlandstraße und Savignyplatz. »Bank für Handel und Industrie« war der Name, unter dem die Dresdner Bank von 1949 bis 1991 in West-Berlin operierte. Es war eines der vielen Berliner Kuriosa: 1945 wurden die deutschen Großbanken von den alliierten Siegermächten »entflochten« in verschiedene Bankgesellschaften, die erst 1956 wieder zu ihrer alten Gestalt zurückfusionieren durften. So entstand 1957 wieder die Dresdner Bank, die ihren Sitz nun in Frankfurt/Main nahm und, mit dem »grünen Band der Sympathie« als Logo, ihre Rolle als eine der drei deutschen Großbanken weiterspielte, ehe sie 2009 in der Commerzbank aufging. Da West-Berlin aber nicht zur Bundesrepublik gehörte, wurden die hiesigen Bankniederlassungen als selbstständige Firmen weitergeführt. Die Dresdner Bank AG tat dies unter dem Namen BHI. Erst 1991 wurde aus der Bank für Handel und Industrie die Berliner Niederlassung der Dresdner Bank.

Wenige Jahre später verließen die Banker ihr Nachkriegsdomizil in der Kantstraße. Unvermietbar in dieser Lage angesichts der neuen Attraktivität der alten Berliner Mitte, wurde die stattliche Immobilie abgerissen, an ihrer Stelle eröffnete 1999 das »Stilwerk« als Geschäftshaus vor allem mit Einrichtungs- und Designerläden. Ein kleiner Teil der Fassade an der Uhlandstraße blieb allerdings stehen und wird heute vom Dachgeschoss des Neubaus überfangen. Und hier befindet sich auch tatsächlich noch eine Commerzbank-Filiale.

An der Stelle älterer Mietshäuser war hier 1939 ein Verwaltungsbau der Braunkohle-Benzin AG entstanden, der 1956/57 für die BHI in drei Bauabschnitten bis zur Uhlandstraße erweitert wurde. Der große, nun fast die gesamte Blockseite einnehmende, sechsgeschossige Baukörper erhielt eine Fassade aus noblem Travertin. Für heutige Architekten und Bauherren wäre die Baumasse sicherlich kein Problem mehr, damals aber sah man sich noch genötigt, der drohenden Eintönigkeit entgegenzuwirken. Und so gliederten

Der Eingang zur Bank für Handel und Industrie zwischen Kantstraße (links) und Uhlandstraße (Foto 1986).

Die Ecke Kantstraße/Uhlandstraße heute. Rechts sieht man noch einen Teil der alten Fassade.

die Hausarchitekten der Bank, Geber & Risse, die Fassade in verschiedene Abschnitte: mal streng gerastert, mal mit glatten Wänden und einfach eingeschnittenen Fenstern. Den Haupteingang an der Ecke Kantstraße/Uhlandstraße hoben sie durch eine hohe Eingangshalle mit vier sich verjüngenden Pfeilern hervor.

Vergleicht man das alte Bankgebäude mit dem Stilwerk, muss man verblüfft konstatieren, wie filigran doch ein strenger Massivbau wirken kann und wie plump eine reine Glasfassade – dabei soll sie hier, der Schwung nach vorn macht es deutlich, einladend und beschwingt wirken.

Bewag-Zentrale

Wie schafft man es, einen ikonischen Bau beträchtlich zu erweitern, ohne einen Neubau danebenzusetzen, der ihn imitiert oder in den Schatten stellt? Zum Beispiel, indem man das Raumprogramm auf mehrere separate Bauten verteilt, die man in Größe und Platzierung auf den Altbau hin entwickelt und die man äußerlich modern, aber sachlich-zurückhaltend gestaltet. So schlug es der renommierte Berliner Architekt Paul Baumgarten 1962 im Wettbewerb zur Erweiterung der Zentrale der Bewag, der Berliner Städtischen Elektrizitätswerke, am Reichpietschufer vor. Das durchaus überzeugende Ergebnis war dann von der Fertigstellung 1968 bis zum Abriss 2001 zu bewundern.

Der zu erweiternde Altbau war das Shell-Haus, einer der berühmtesten Bauten der klassischen Moderne in Berlin, 1930/31 nach Plänen von Emil Fahrenkamp erbaut, in fließenden Formen mit horizontal gebänderter Fassade, mit um die gerundeten Ecken geführten Fenstern und effektvoll zur Brückenkreuzung am Kanalufer hin aufgetreppt.

Paul Baumgarten, von dem auch der Konzertsaal der Universität der Künste an der Hardenbergstraße und das Eternithaus im Hansaviertel stammen, setzte ein deutliches Kontrastprogramm dagegen: Auf das große Baugrundstück hinter dem Shell-Haus mit seinen zehn Geschossen platzierte er zwei Hochhäuser, neun- und zwölfgeschossig, übereck und verband sie durch eingeschossige Zwischentrakte

Neben dem altehrwürdigen Shell-Haus von 1930/31 (rechts) standen ab 1968 die Bewag-Häuser von Baumgarten (Foto: 1968).

miteinander und mit dem Altbau, dem er an der Rückfront einen schmalen Bürotrakt anfügte. Den Stahlbetonbauten setzte er Vorhangfassaden aus Aluminiumfertigteilen vor – scharfkantig, streng geometrisch und klar. Aufgelockert wurde die Komposition durch ein zweigeschossiges Casino auf sechseckigem Grundriss zwischen dem ersten Hochhaus und dem Shell-Haus. Zusätzliche Leichtigkeit erhielten die Hochhäuser durch ein Luftgeschoss in Höhe des ersten Stocks.

Zugleich band Baumgarten damit das Areal an das angrenzende Kulturforum an, das von Hans Scharoun als »Stadtlandschaft« mit herausragenden Solitären geplant worden war. Genau diese luftige Anlage und die karge Fassadengestaltung wurden dem Ensemble nur dreißig Jahre später zum Verhängnis. Im wiedervereinigten Berlin hieß das Zauberwort nun wieder Blockrandbebauung, und die Fassaden verkleidete man mit Vorliebe mit Naturstein.

Der Eingang zum Maritim-Hotel, das heute an der Stelle der Baumgarten-Gebäude steht.

Nachdem die Bewag in einen Neubau in Treptow gezogen war, bezog der Gasversorger Gasag das Shell-Haus. Für die Baumgarten-Bauten hatte man keine Verwendung, und da sie nicht unter Denkmalschutz standen, durfte man sie abreißen, was die Voraussetzung dafür war, dass sich überhaupt ein Käufer fand. In die Öffentlichkeit gelangte das Thema erst, als die Anlage schon leer geräumt war, und in einer öffentlichen Diskussion mit Denkmalschützern und Politikern wurde auch schnell klar, dass die Fürsprecher dieser 1960er-Jahre-Moderne deutlich die Minderheit bildeten.

Die Immobilienfirma betonte, man habe versucht, die Bauten zu erhalten, doch alle infrage kommenden Nutzer wünschten sich entweder einen repräsentativen Altbau oder einen Neubau. So kam es im Winter 2000/01 zum Abriss der Baumgarten'schen Bauten. Und während das denkmalgeschützte Shell-Haus heute vom Verteidigungsministerium genutzt wird, steht dahinter nun der große, von Jan Kleihues entworfene Baublock des Maritim-Hotels: klassisch platziert am Blockrand und mit einer Fassade, die das Vorbild des Shell-Hauses aufgreift – und dieses damit seiner Einzigartigkeit beraubt.

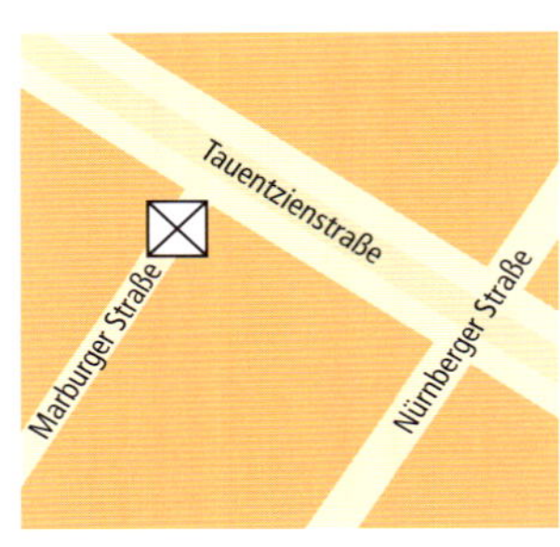

Schlemmer-Pylon

Berlin, das war einst die Stadt der Currywurst. Jahrzehntelang prägte der leckere Happen, von dem man eigentlich nicht so genau wissen will, was drin ist, zumindest den Westteil der Stadt, nicht nur kulinarisch, sondern in gewisser Weise auch optisch. An so gut wie jeder größeren Kreuzung stand eine Currywurstbude, ein behelfsmäßiger, anspruchsloser Kasten, weiß gestrichen, zum Aufklappen an einer Längsseite und manchmal auch an beiden Schmalseiten. Oft waren es Frauen, die mit Berliner Schnauze – hart, aber herzlich – ihren Gästen Würste oder Bouletten kredenzten, mit oder ohne Darm, mit oder ohne Pommes, mit Ketchup oder Majo. Hier fanden sich zu jeder Tages- und Nachtzeit Berliner und Besucher aller Couleur ein, um rasch den Hunger zu stillen – oder die Zeit mit einem Bierchen oder zweien in geselliger Runde vorbeiziehen zu lassen.

Die Imbiss- oder Currywurstbude war eine Berliner Institution wie die Currywurst, die, was auch immer die Hamburger behaupten, eine Berliner Erfindung ist. Es war die gebürtige Ostpreußin Herta Heuwer, die, so erzählte sie es später gern, im kalten November des Jahres 1949 in ihrer Imbissbude am Stuttgarter Platz Muße hatte zum Experimentieren. Aus Tomatenmark, Paprika und Gewürzen mixte sie eine feine Sauce zusammen, die sie über eine gebratene Brühwurst gab. Noch etwas Currypulver drüber – fertig war jene Wurst, die rasant zum Berliner Nationalgericht aufstieg.

Auch in Film und Fernsehen wurde die Bude zur beliebten Kulisse: Wim Wenders lässt in »Himmel über Berlin« Peter Falk an einer Currywurstbude dem Engel Bruno Ganz begegnen, und die »Drei Damen vom Grill« um Brigitte Mira machten die Bude in den 1970er- und 1980er-Jahren gar zum Sehnsuchtsort vieler Serienjunkies.

Wie die Pilze schossen die Currywurstbuden aus dem Boden der breiten Ber-

Der alte Schlemmer-Pylon (oben) wurde 2010 abgerissen und durch einen flacheren Neubau ersetzt.

liner Gehwege, wo sie niemanden störten – außer ordnungsliebende Bezirkspolitiker. 1984 beschloss die Charlottenburger Bezirksverordnetenversammlung, der Budenkultur den Garaus zu machen und wieder für freie Sicht für die Fußgänger zu sorgen. Neue Buden wurden nicht mehr genehmigt, bestehende Imbisse durften vererbt, aber nicht verkauft werden. Gab der Budenwirt auf, brach man die Bude ab. Andere Bezirke folgten, und langsam, aber sicher verschwanden die Currywurstbuden aus dem Stadtbild. Doch entgegen den Erwartungen der Politiker öffneten kaum neue Imbisse in festen Ladengeschäften. Pizza-, Döner- und Asia-Imbisse prägen heute Berlin, für die nächste Currywurstbude muss man oft weite Wege in Kauf nehmen.

Die in der ganzen Stadt bekannte Bude vor dem Amtsgericht Charlottenburg verschwand 2005, die »Himmel über Berlin«-Bude, die am U-Bahnhof Güntzelstraße stand, wurde 2016 abgerissen, Dorothea Bergers Bude auf der Leipziger Straße gibt es seit 2017 nicht mehr. Selbst die beliebte »Bratpfanne« auf der Steglitzer Schlossstraße ist längst ein Hightech-Neubau. Inzwischen braucht man als Ortsfremder viel Glück, um noch ein bisschen originales Budenflair zu finden.

Nicht direkt dem »Currybudenerlass«, aber doch dem Politikerwunsch nach freien

Straßen fiel 2010 auch der kuriose Schlemmer-Pylon in der Marburger Straße zum Opfer. Auch wenn es ein Happy End gab und der Imbisswirt in einem neuen Bau an alter Stelle weitermachen durfte.

Vielleicht ist der neue Imbiss mit seinem geschwungenen Dach sogar schöner – der alte war bei Weitem origineller. Kern der Anlage war der Sockel einer Brücke, die seit 1965 über den vielbefahrenen Tauentzien ins nagelneue Europa-Center führte. 77 Meter war die Stahlkonstruktion lang – und wurde schon bald als störend beim Blick auf die Gedächtniskirche empfunden. 1979 trug man sie ab und baute sie an der Heerstraße in Staaken wieder auf. Den Sockel mit dem Treppenaufgang zu sprengen aber schien zu gefährlich. So ließ man ihn stehen und baute 1984 um den Sockel herum einen Imbiss – in Knallrot. Auf den Treppenstumpf setzte man eine Metallspitze.

26 Jahre lang war das Gebilde ein echter Hingucker, dann machte der Bezirk dieser »Abwertung des Stadtbildes«, so der zuständige Baustadtrat, ein Ende. Immerhin aber ließ er sich überzeugen, statt gänzlicher Brache einen flacheren Neubau zu genehmigen. Und so gibt es den Schlemmer-Pylon als Imbiss bis heute. Mit »Meister Alfreds berühmten Hackepeterbouletten«, belegten Baguettes und frisch gepressten Säften. Currywurst steht leider nicht mehr auf der Speisekarte.

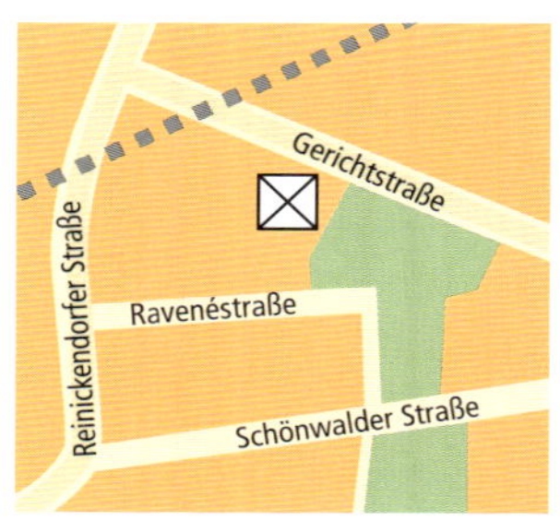

Stadtbad / Stattbad Wedding

Die Fassade mit ihren roten und grauen Glasplatten war ästhetisch sicherlich nicht die gelungenste, und ob der 1960er-Jahre-Charme im Innern wirklich denkmalpflegerisch erhaltenswert war, ist zweifelhaft. Doch das »Stattbad Wedding« war ein Kulturort, wie es in den 2010er-Jahren wohl keinen zweiten in Berlin gab. Und um den ist es allemal schade.

Eingeweiht worden war der Baukomplex in der Gerichtstraße, mitten im Arbeiterbezirk Wedding, 1907 als Volksbadeanstalt, die Pläne stammten, wie für so viele städtische Bauten jener Zeit, vom Stadtbaurat Ludwig Hoffmann. Es gab ein großes Schwimmbecken in der »Großen Halle« für die Herren, ein kleineres in der »Kleinen Halle« für die Damen. Dazu eine Abteilung mit Badewannen für die oft kinderreiche Bewohnerschaft der umliegenden Straßen – denn in den einfachen Wohnungen der noch recht neuen Mietshäuser gab es kein Bad, sondern nur ein Klo für zwei Wohnungen auf halber Treppe.

Ein Bombentreffer zerstörte den Vorderbau im Zweiten Weltkrieg, der rückwärtige Teil mit der Großen Halle aber blieb stehen. Anfang der 1960er-Jahre errichtete man einen neuen Hauptbau mit einem Kinderbad, die Große Halle wurde instand gesetzt. Dann tat man 40 Jahre lang nichts mehr für den Erhalt, und so kam es, wie es kommen musste: 2001 wurde die Anlage »aus baulichen und hygienischen Gründen« geschlossen.

Einige Jahre ruhte das Stadtbad im Dornröschenschlaf, 2007 aber trat ein Investor auf den Plan, um es »zum Kunst- und Kulturstandort weiterzuentwickeln«, in der Presse war die Rede von Ateliers, Musikstudios und einem Konzertsaal für vierhundert Zuschauer. Als »Stattbad Wedding« wurde die Anlage 2009 »provisorisch« wiedereröffnet – und entwickelte sich flugs zu einer der faszinierendsten Adressen im Kultur- und Nachtleben Berlins. Die einstigen Schwimmhallen und die Kellerräume wurden als Club, für Partys und Perfomances und für Ausstellungen vor allem von Street Art genutzt, darauf stimmte schon das Wandbild auf der fensterlosen Schmalseite des Vorderhauses ein. Die Räume in den oberen Geschossen wurden zu Ateliers, Studios und »Co-Working-Spaces« für Künstler und Kreative umfunktioniert.

Das einstige Stadtbad Wedding wurde 2009 zum »Stattbad«. 2016 wurde der Kulturort abgerissen (Foto: 2010).

Das »Stattbad« brummte, abends bildeten sich lange Schlangen vor dem Eingang. Doch leider »vergaß« der neue Besitzer, die von ihm zugesagten Investitionen vorzunehmen – was erst auffiel, als ein Anwohner Anzeige erstattete und der Bezirk merkte, dass man hier ohne Genehmigung eine Diskothek betrieb. Unter anderem waren die nötigen Brandschutzeinbauten nicht erfolgt, und so wurde der Club im Mai 2015 geschlossen, die Künstler mussten ausziehen. Der Investor verkaufte den Komplex an den nächsten Investor, der sich zunächst bedeckt hielt, dann dem Bezirk eine »Abbruchanzeige« einreichte und Ende 2016 Taten folgen ließ. Heute erinnert nur noch die »Physiotherapie am Stadtbad« an das geschichtsträchtige Gebäude. Nebenan steht nun ein nagelneues Studentenwohnheim. Auch das wird gebraucht in Berlin. Und doch ist es schade um den legendären Kulturort, dem nur so wenige Jahre beschieden waren.

Berliner Synchron

Filmstadt Berlin – da denkt man an alle möglichen Orte, aber nicht an Lankwitz. Man denkt an Babelsberg, an Artur Brauners CCC-Studios in Spandau, die Ufa-Studios in Tempelhof oder die Film- und Fernsehstudios in Johannisthal, vielleicht noch, wenn man historisch bewandert ist, an Weißensee als das Film-

In der Lankwitzer Mühlenstraße erhielten »Casablanca«, »Die Vögel«, »Ice Age« und 8000 weitere US-Filme ihre deutschen Stimmen.

zentrum der 1920er-Jahre – und hat natürlich unzählige Filmszenen vor Augen, die in den Straßen von Berlin gedreht wurden.

Doch Film besteht nicht nur aus Bildern. Zum Film gehört auch der Ton. Und der kam bei rund 8000 Filmen aus Lankwitz. Ob »Zwölf Uhr mittags«, »Der dritte Mann« oder »Psycho«, ob »Star Wars«, »Der weiße Hai« oder »Schindlers Liste«, »Jenseits von Afrika« oder »Der Pate«, Fernsehserien wie »Kobra, übernehmen Sie« und »Breaking Bad« – sie alle erhielten in Lankwitz ihre deutschen Stimmen: bei der Berliner Synchron GmbH (ehemals AG), die Wenzel Lüdecke 1949 gründete. 68 Jahre hatte das größte deutsche Synchronunternehmen seinen Sitz in Lankwitz, befanden sich die Studios in einem unscheinbaren 1930er-Jahre-Bau an der Mühlenstraße unweit des Lankwitzer Zentrums, zwischen Wohnhäusern und einem großen Friedhof.

Die Geschichte des Kinos nahm in Berlin ihren Anfang. Mögen die Brüder Lumière auch jene Technik entwickelt haben, die sich durchsetzte, so waren es doch die Berliner Brüder Skladanowsky, die als Erste auf der Welt einem zahlenden Publikum Filme vorführten: ab dem 1. November 1895 im Varieté Wintergarten in der Friedrichstraße. Der erste Film mit integrierter Lichttonspur wurde 1921 in Stockholm aufgeführt, und als erster echter Tonfilm der Welt gilt allgemein die US-Produktion »The Jazz Singer« von 1927. 1930 hatte der Ton- den Stummfilm abgelöst. Doch der war jeweils an eine bestimmte Sprache gebunden. Um Filme dennoch international vermarkten zu können, drehte man verschiedene Sprachversionen, den gleichen Film also mit verschiedenen Schauspielern oder mehrsprachigen Stars wie Lilian Harvey. Oder aber man synchronisierte sie – was sich rasch als die kostengünstigere Variante erwies. Untertitel wurden in Deutschland nie populär.

Das Kriegsende bedeutete auch das Ende der großen deutschen Filmindustrie.

Zwar wurden in beiden deutschen Teilstaaten bald wieder Filme gedreht, doch zumindest im Westteil Deutschlands und Berlins wurden US-Filme nun marktbeherrschend. Und die wurden anfangs fast alle in Lankwitz synchronisiert – in einem Gebäude, das 1938 für die »Hauptfilmstelle der Luftwaffe« errichtet worden war, hier wurden unter der Oberaufsicht des Reichsmarschalls Hermann Göring Lehr- und Propagandafilme produziert. Nach dem Zweiten Weltkrieg zog ein Kopierwerk ein und 1949 Wenzel Lüdeckes Synchron-Film. Die Firma wuchs stetig, produzierte auch eigene Filme wie den Klassiker »Die Halbstarken« mit Horst Buchholz und Karin Baal und übernahm 1974 schließlich das ganze Gebäude. 2014 jedoch verkaufte die Berliner Synchron die Immobilie, wurde 2016 Teil einer größeren Mediengruppe und zog im Frühjahr 2017 in neue Räumlichkeiten auf dem EUREF-Campus in Schöneberg.

Ein Jahr später wurde das Stammhaus in Lankwitz abgerissen, dort entstehen nun über 100 Wohnungen. Denkmalwürdig war der anspruchslose, im typischen Schlammbraun der Berliner Nachkriegszeit gehaltene Hauptbau mit seinen drei Geschossen und einigen Nebengebäuden sicherlich nicht. Und doch ist es schade um dieses Stück Filmgeschichte. Der Autor der »Süddeutschen Zeitung« jedenfalls, der die Lankwitzer Studios wenige Tage vor ihrer Schließung im März 2017 noch besuchte, schwärmte vom »romantischen Charme, der an Edgar-Wallace-Filme erinnert. Die Ateliers befinden sich in einem labyrinthischen Keller. Als Besucher spürt man, dass man sich an einem legendären Ort des Nachkriegsfilms befindet – der dabei außerdem unglaublich gemütlich ist.«

Übrigens wurden in Lankwitz tatsächlich auch Filme gedreht – und gar nicht wenige. In der Zietenstraße 10 ließ nämlich die Firma Mutoskop 1904 das erste Filmproduktionsgebäude in Deutschland errichten – mit einer 700 Quadratmeter großen Glashalle als oberstem Geschoss. Bis 1924 entstanden hier zahlreiche Stummfilme.

Gloria-Palast

Wie man einen traditionsreichen Ort langsam, aber sicher, Schritt für Schritt verschwinden lassen kann, das sieht man am Beispiel des Gloria-Palasts. Es ist ein Tod auf Raten nach Berliner Art.

»Der Gloria-Palast war mehr als ›ein Kino‹, er war ein Begriff über die Grenzen des filmfreudigen Berlins der Vorkriegszeit hinaus und galt als eines der repräsentativsten Filmtheater der Stadt«, sagte der Regierende Bürgermeister Ernst Reuter bei der Einweihung des neuen Lichtspiel-Palasts 1953. »Wie so vieles, fiel auch der Gloria-Palast der Zerstörung durch den Krieg zum Opfer. Aus den Ruinen wächst in Berlin überall neues Leben empor … Wenn nun in einer so kurzen Bauzeit, wie sie des Berliner Tempos würdig ist, ein neuer Gloria-Palast entstanden ist, so verpflichtet der alte Namen, mit dem so viel deutsche Filmtradition verbunden ist.«

Eines der nobelsten Filmtheater Berlins verbarg sich hinter einer nüchternen Fassade: Der Gloria-Palast am Kudamm (Foto: 1982).

1926 hatte der erste Gloria-Palast seine Pforten geöffnet. Man hatte ihn in das »Romanische Haus« von 1896 hineingebaut, das mit seinem Pendant auf der gegenüberliegenden Platzseite, in dem sich das berühmte Romanische Café befand, und der Gedächtniskirche den Mittelpunkt des »Neuen Westens« bildete. Er war das Renommierkino der deutschen Filmindustrie, erbaut als »Uraufführungstheater«, in dem tatsächlich viele deutsche Filme, so »Der blaue Engel«, ihre rauschende Premiere feierten. Nach Bombentreffern brannte das Romanische Haus 1943 aus.

1953 eröffnete man an historischer Stelle einen würdigen Nachfolger, in moderner Architektursprache, aber im gleichen Geiste. »Man kann dem Bild seinen Reiz nicht absprechen«, schrieb das Fachblatt »Bauwelt« 1953 über den fünfgeschossigen Stahlskelettbau nach Plänen von Siegfried Fehr und Gerhard Jäckel. »Die feine Teilung des Rasters verträgt sich gut mit den ›Details‹ der ›romanischen‹ Kirche.« Als aparter Kontrast zur schlichten Bürohausfassade lud das geschwungene Vordach ins erste neue Großkino nach Kriegsende, die zehn Meter hohe Metallfahne mit den weißen Neonbuchstaben GLORIA wurde zum weithin sichtbaren Wahrzeichen des West-Berliner Prachtboulevards. Innen zeigte sich das Lichtspielhaus opulent. Eine elegant geschwungene Freitreppe führte von der Kassenhalle hinauf ins Foyer. Durch vier Türen gelangte man vom Umgang in den luxuriös holzvertäfelten, intim beleuchteten Saal, der im Parkett 950 Polstersessel und im Rang 150 weitere zählte. Die Bühne vor der Leinwand bot Platz für ein kleines Orchester. Der neue Gloria-Palast war einer der Hauptspielorte der Berlinale, hier wurden Deutsche Filmpreise verliehen und zahlreiche Premieren gefeiert.

Erste Umbauten in den 1960er-Jahren änderten am Luxus nichts, und auch nicht das kleine »Gloriette«, das 1973 anstelle von Garderoben und einem Flur eingebaut wurde. 1985 dann wurden Pläne publik, ein neuer Besitzer plane den Abriss des

Kinos. Als es wenig später hieß, die Fassade und das Foyer sollten erhalten werden, dahinter werde eine Einkaufspassage und ein neuer Kinosaal für fünfhundert Zuschauer entstehen, erhob sich ein Sturm der Entrüstung. Der »Tagesspiegel« startete eine Unterschriftenaktion, Prominente protestierten, der CDU-Kultursenator stellte sich öffentlich gegen den CDU-Bausenator, und der langjährige Berlinale-Leiter Alfred Bauer schrieb: »Es würde wohl auch in der internationalen Fachwelt nicht verstanden werden, dass in Berlin Behörden bestehen, die ein solches Kulturbanausentum – wie es der Abriss des Gloria-Palastes bedeuten würde – genehmigen. Der Vorschlag, allein das Foyer zu erhalten, kann meines Erachtens nur als ein sehr schlechter Witz angesehen werden.«

Es half nichts – der alte, nicht unter Denkmalschutz stehende Kinosaal verschwand 1986/87 zugunsten eines kleineren neuen, in dem 1998 endgültig die Lichter ausgingen. Das Erdgeschoss – mit dem erhaltenen Foyer samt Treppe – wurde schließlich als Benetton-Filiale genutzt. Bis zum nächsten Besitzerwechsel.

Der neue Eigentümer präsentierte dem Bezirksamt schließlich 2016 ein Gutachten, dem zufolge die (inzwischen denkmalgeschützte) 1950er-Jahre-Fassade nicht mehr standfest sei – und stellte gleich dazu den Antrag auf Abriss und Neubau. Und weil sich das Bauamt und die Denkmalschützer weigerten, schob man Gutachten auf Gutachten nach. »Nach 20 technischen Gutachten hat sich der Bezirk davon überzeugen lassen, dass der Gloria Palast so nicht zu retten ist«, gab sich der Baustadtrat schließlich geschlagen. Die Senatskulturverwaltung erklärte, das Baudenkmal sei wegen der früheren Umbauten sowieso kaum noch authentisch, überstimmte deshalb den Landeskonservator und erteilte die Genehmigung zum Abriss. »Der Verlust ist zu bedauern, aber aus tatsächlichen Gründen nicht abwendbar.« Wenig später, im Frühjahr 2018, rückten die Abrissbagger an. Inzwischen erinnert nichts mehr an eine der wichtigsten Stätten der deutschen Kinogeschichte. Dafür können sich einige Investoren ins Fäustchen lachen.

Grundkreditbank / Berliner Volksbank

Über Geschmack kann man bekanntlich streiten. Aber dass die Zentrale der Grundkreditbank, später der Berliner Volksbank, ein bedeutender Bau war, ein markantes und gelungenes Beispiel der Postmoderne, ist unter Architekturkritikern unstrittig. Mehr noch, es war neben einigen interessanten Wohnhäusern der 1980er-Jahre wohl der einzige Berliner Bürobau, der auf überzeugende Weise diese kurzzeitig ebenso populäre wie umstrittene Architekturrichtung vertrat. Doch weil das Gebäude der Bank zu klein geworden war und sie sich eine »Effizienzsteigerung« durch ein »zeitgemäßes Flächennutzungskonzept« in einem Neubau (an der Bundesallee) versprach, verkaufte sie den erst 1985 eingeweihten Rundbau 2014 und zog drei Jahre später aus – in ein Provisorium in Tegel. Zwei Weiterverkäufe später befanden die neuen Projektentwickler die Räume als »zu speziell« und läuteten den Abriss ein.

Bis 2019 soll nun ein 60 Meter hohes, 15-geschossiges und vollständig verglastes Bürohaus entstehen, das zwar flexible Bürogrundrisse, den Projektsimulationen nach aber äußerlich kaum großen Wiedererkennungswert haben wird.

Das war beim Vorgängerbau anders. Das damals namhafte Büro Pysall Stahrenberg & Partner fand mit der abgerundeten Front eine überzeugende Form für diese städtebaulich herausgehobene Ecke zwischen den spitz zulaufenden Verkehrsachsen Budapester und Kurfürstenstraße, die zudem noch den Fluchtpunkt der Nürnberger Straße bildet. Außerdem schafften es die Architekten, dem mächtigen, neungeschossigen Baublock Wucht zu nehmen und doch Würde zu geben, indem sie der großen verspiegelten Glasfront ein filigranes, mit rotem Sandstein verkleidetes Gerüst vorsetzten. Im Innern des Gebäudes befand sich im Erdgeschoss der kreisrunde Ausstellungssaal des Kunstforums, der anfangs von der Neuen Nationalgalerie bespielt wurde und später auch der stattlichen bankeigenen Kunstsammlung als Forum diente. (Sie hat am Kaiserdamm ein neues Zuhause gefunden.) Damit wurde übrigens eine interessante Grundstückstradition fortgesetzt: Seit 1911 hatte sich hier das vom berühmten Theaterarchitekten Oskar Kaufmann gestaltete »Deutsche Künstlertheater« befunden, in dem bis 1943 Größen wie Gerhart Hauptmann und Richard Tauber, Curt Goetz, Emil Jannings und Heinz Rühmann auftraten. 1963 sprengte man die Kriegsruine, 1985 wurde »das rote Halbrund« eingeweiht, das so unerschütterlich dort zu stehen schien – und doch nach nur 32 Jahren wieder spurlos verschwunden ist.

Sie war einer der gelungensten Bauten der Postmoderne in Berlin: Die Zentrale der Berliner Volksbank, vormals Grundkreditbank (Foto: 2004).

Register der abgerissenen Bauwerke

Ahornblatt 62–63
Anhalter Bahnhof 5–8

Bank für Handel und Industrie 97–98
Bauakademie 17–18
Bellevue-Tower 83–84
Berliner Synchron 103–105
Berliner Volksbank → Grundkreditbank / Berliner Volksbank
Bewag-Zentrale 98–100
Börse 19–21
Börse Fasanenstraße 85–86

Centrum-Warenhaus 71–73
Columbushaus 23–25

DDR-Außenministerium 66–68
Deutsche Sporthalle 54–55
Deutschlandhalle 91–93
Domkandidatenstift 29–30

Elefantenhaus im Zoologischen Garten 27–28

Fischerinsel 44–45
Friedrichstadtpalast 55–57
Friedrichstadtpassage 75–77
Friedrichstraßenpassage 41–43

Gaswerk IV 51–53
Gloria-Palast 105–107
Görlitzer Bahnhof 8–10
Grundkreditbank / Berliner Volksbank 107–108

Haus Schmitz 61
Hotel Schweizerhof 87
Hotel Unter den Linden 63–64

Komische Oper 57–58
Konsistorium der Evangelischen Kirche, Bachstraße 95–96
Kudamm-Eck 82–83
Kugelkino Panorama 96

Land- und Amtsgericht Mitte 59
Lehrter Bahnhof 10–12

Lenindenkmal 80–81

Markuskirche 28–29

Palast der Republik 77–80
Palasthotel 64–66
Petrikirche Cölln 31–33

Rattenburg 88–89
Reichspräsidentenpalais 33–35

Schimmelpfenghaus 90–91
Schlemmer-Pylon 100–102
Schloss, Berliner → Stadtschloss
Schloss Brüningslinden 60
Schloss Monbijou 14–16
Sportpalast 46–48
St. Johannes Capistran 87–88
Stadion der Weltjugend 69–71
Stadtbad / Stattbad Wedding 102–103
Stadtschloss 35–41
Stettiner Bahnhof 13–14
Synagoge Fasanenstraße 21–22
Synagoge Prinzregentenstraße 30–31

Vereinshaus der Berliner Kaufleute und Industriellen 84–85
Versöhnungskirche 49–51
Völkerkundemuseum 25–27
Voxhaus 53–54

Werner-Seelenbinder-Halle 73–75
Wohnanlage am Lützowplatz 94–95

Abbildungsverzeichnis

Bewag: S. 99 o.

Evangelische Versöhnungsgemeinde Berlin: S. 49 l.

Hauswald, Harald: S. 43 o. r., 43 u. l., 52 o., 52 m., 62, 65 l., 65 r., 70 o. r., 72 o., 73

Lagenpusch, Arvid: S. 58 o.

Landesarchiv Berlin: S. 5 (F Rep. 290 Nr. 0230157), 6 o. l. (F Rep. 290-06-06 Nr. 349), 6 o. r. (F Rep. 290 Nr. 0065698/Sass, Bert), 7 (F Rep. 290 Nr. 0073327/Sass, Bert), 9 o. (F Rep. 290 Nr. 0004869/Tosch, E.), 9 u. (F Rep. 290 Nr. 0065699/Sass, Bert), 10 (F Rep. 290 Nr. 0078338/ Willa, Johann), 11 o. (F Rep. Nr. 0273527/Gebauer, Paul), 11 u. l. (F Rep. 290 Nr. II6478), 11 u. r. (F Rep. 290 Nr. 0055147/Sass, Bert), 13 (F Rep. 290 Nr. 0012188), 15 o. (F Rep. 290 Nr. 0006199/Kappelhöfer, Wilhelm), 16 o. (F Rep. 290 Nr. 0004147/Steinhäuser, Rudolf), 16 u. (F Rep. 290 Nr. 0054320/Schütz, Gert), 17 (F Rep. 290 Nr. 0316826), 18 l. (F Rep. 290 Nr. 0074872/Knöpfel, H.), 19 (F Rep. 290 Nr. II6386/Titzenthaler, Waldemar), 20 o. (F Rep. 290 Nr. 0182668), 21 (F Rep. 290 Nr. II12279/Titzenthaler, Waldemar), 22 o. (F Rep. 290 Nr. 0048407/Nitschke, Willi), 23 (F Rep. 290 Nr. II6803), 24 (F Rep. 290 Nr. 0008908/Sass, Bert), 26 (F Rep. 290 Nr. 0219150/Krajewsky, Max), 27 (F Rep. 290 Nr. 0000920/Feige, Willy), 28 (F Rep. 290 Nr. 0032577/Schütz, Gert), 29 (F Rep. 290 Nr. 61-3726), 30 (F Rep. 290 Nr. 0066538/Kraft, Herbert), 31 (F Rep. 290 Nr. 0058820/Zocher, Christian), 32 (F Rep. 290 Nr. 0193781), 33 (F Rep. 290 Nr. 0069997/Kraft, Herbert), 34 (F Rep. 290 Nr. 0040437), 36 (F Rep. 290 Nr. II13070), 37 (F Rep. 290 Nr. 0209916/Hürlimann, Martin), 40 o. (F Rep. 290 Nr. 0247811), 40 m. (F Rep. 290 Nr. 0371440/Blohm, Siegfried), 41 (F Rep. 290 Nr. 0005211/ Steinhäuser, Rudolf), 42 (F Rep. 290 Nr. 61-2334), 43 o. l. (F Rep. 290 Nr. 0201978/Leitner, Emil), 44 (F Rep. 290 Nr. II10028/Hagemann, Otto), 45 o. (F Rep. 290-02-23 Nr. 66/ Breitenborn, Dieter [und Vera]), 46 (F Rep. 290 Nr. 0118051/Sass, Bert), 47 o. (F Rep. 290 Nr. 0080272), 47 u. l. (F Rep. 290 Nr. 0158811/Ehlers, Ludwig), 47 u. r. (F Rep. 290 Nr. 0165903/ Metzner, Günther), 54 l. (F Rep. 290 Nr. 134009/Ehlers, Ludwig), 54 r. (F Rep. 290 Nr. 146489), 55 (F Rep. 290 Nr. 0295387), 56 o. (F Rep. 290 Nr. 0340849/Hoffmann, Gerhard), 59 m. (F Rep. 290 Nr. II12212/Titzenthaler, Waldemar), 60 (F Rep. 290 Nr. 0253296), 61 (F Rep. 290 Nr. 0045847), 69 (F Rep. 290 Nr. 0163782), 70 o. l. (F Rep. 290 Nr. 0335708/Hoffmann, Gerhard), 74 l. (F Rep. 290 Nr. 0345680/Esch-Marowski, Barbara), 74 r. (F Rep. 290 Nr. 0335729/ Hoffmann, Gerhard), 76 o. (F Rep. 290 Nr. 0340536/Ehlers, Ludwig), 82 (F Rep. 290 Nr. 0301387/Kasperski, Edmund), 83 u. (F Rep. 290 Nr. 0353850/Platow, Thomas), 85 (F Rep. 290 Nr. 0035558/Schütz, Gert), 86 o. (F Rep. 290 Nr. 0382777/Kasperski, Edmund), 87 (F Rep. 290 Nr. 0391163/Jacob, Stefane), 88 (F Rep. 290 Nr. 0175505/Schubert, Karl-Heinz), 90 (F Rep. 290 Nr. 0074364/Sass, Bert), 95 (F Rep. 290 Nr. 0152627/Schubert, Karl-Heinz), 106 (F Rep. 290, Nr. 0244581/Siegmann, Horst)

Schneider, Günter: S. 8, 12, 18 r., 20 u., 22 u., 25, 38 o., 38 u., 39, 43 u. r., 45 u., 48, 49 r., 50 l., 50 r., 51, 53, 56 m., 57, 58 u., 59 u., 63, 64, 66, 67, 68 o., 68 m., 70 u., 71, 72 u., 75, 76 u., 77, 78 o., 78 u., 79, 81, 83 o., 86 u., 89, 91, 92, 93 m., 93 u., 94 o., 94 u., 96, 97, 98, 99 u., 101 u., 108

Stiftung Preußische Schlösser und Gärten, Potsdam: S. 15 u.

Van der Woude, Hans R.: S. 101 o.

Wikimedia Commons: S. 103, 104